信息化背景下的
大学英语教学方法研究

丁小龙 著

中国民族文化出版社

北 京

图书在版编目(CIP)数据

信息化背景下的大学英语教学方法研究／丁小龙著. -- 北京：中国民族文化出版社有限公司,2024.1

ISBN 978-7-5122-1847-5

Ⅰ.①信… Ⅱ.①丁… Ⅲ.①英语-教学研究-高等学校 Ⅳ.①H319.3

中国国家版本馆 CIP 数据核字(2024)第 032876 号

信息化背景下的大学英语教学方法研究
XINXIHUA BEIJING XIA DE DAXUE YINGYU JIAOXUE FANGFA YANJIU

作　　者	丁小龙
责任编辑	张　宇
责任校对	孙　洋
装帧设计	钟晓图
出版发行	中国民族文化出版社　地址：北京市东城区和平里北街 14 号
	邮编：100013　联系电话：010-84250639　64211754(传真)
印　　装	廊坊市海涛印刷有限公司
开　　本	710 mm×1000 mm　1/16
印　　张	12.25
字　　数	200 千字
版　　次	2024 年 1 月第 1 版
印　　次	2025 年 1 月第 1 次印刷
标准书号	ISBN 978-7-5122-1847-5
定　　价	68.00 元

版权所有　侵权必究

目　录

第一章　信息化技术与大学英语教学 …………………………… 1
第一节　信息化技术应用 ………………………………………… 1
第二节　大学英语教学有效性的提升策略 …………………………… 2
第三节　大学英语课程性质及目标 ………………………………… 7
第四节　教学设计遵循原则 ……………………………………… 8

第二章　信息化背景下教师发展状况 …………………………… 11
第一节　教师的重要性 …………………………………………… 11
第二节　信息化背景下教师发展现状 ……………………………… 13
第三节　大学英语教师的要求 ……………………………………… 17

第三章　信息化背景下英语教学研究 …………………………… 21
第一节　教师教学存在的问题 ……………………………………… 21
第二节　新教学模式下英语教学方法 ……………………………… 23
第三节　英语教学反思 …………………………………………… 26

第四章　人工智能与英语教学研究 ……………………………… 31
第一节　人工智能概念 …………………………………………… 31
第二节　人工智能背景下的英语学习情况 ………………………… 32
第三节　人工智能对于英语教育的优势 …………………………… 34
第四节　人工智能对于学生本身的影响 …………………………… 36

第五节　人工智能支持下大学生学习策略……………………37

　　第六节　人工智能教育改革……………………………………42

第五章　大学生英语学习适应性……………………………………44

　　第一节　学习适应性的概念……………………………………44

　　第二节　大学生英语学习适应性的内涵………………………44

　　第三节　学习适应性的研究价值………………………………47

　　第四节　学生英语学习适应性影响因素………………………47

　　第五节　信息化背景下大学生英语学习差异…………………50

第六章　大学英语教学改革创新……………………………………53

　　第一节　大学英语教学改革的意义……………………………54

　　第二节　改革存在的问题………………………………………55

　　第三节　大学英语教学改革的路径……………………………57

第七章　大学英语个性化教学研究…………………………………63

　　第一节　大学英语个性化教学缘由……………………………63

　　第二节　个性化教学的可行性…………………………………65

　　第三节　个性化教学的需求原因………………………………67

第八章　信息化背景下英语个性化教学……………………………73

　　第一节　个性化教学必要性……………………………………73

　　第二节　个性化教学价值………………………………………74

　　第三节　个性化教学发展趋势…………………………………79

　　第四节　大学英语个性化教学模式特点………………………81

第九章　大学英语课程个性化教学实施……………………………83

　　第一节　大学英语课程基本属性………………………………83

第二节　个性化教学目的……………………………………… 86

　　第三节　个性化教学内涵……………………………………… 90

第十章　大学英语教学问题研究……………………………………… 97

　　第一节　教学模式存在问题…………………………………… 97

　　第二节　教学内容存在问题…………………………………… 101

　　第三节　教学建议……………………………………………… 102

　　第四节　教学反思……………………………………………… 109

第十一章　德育元素融入英语教学…………………………………… 115

　　第一节　英语教学融入德育教育的价值……………………… 116

　　第二节　大学英语融入德育的方法…………………………… 117

　　第三节　大学英语教学改革现状……………………………… 120

　　第四节　德育教育的可行性与必然性………………………… 123

　　第五节　德育元素融入英语教学存在的问题………………… 127

　　第六节　如何提高教师德育水平……………………………… 131

第十二章　大学英语教学改革创新…………………………………… 134

　　第一节　教学改革创新方式…………………………………… 134

　　第二节　创建良好的大学英语教学环境……………………… 138

第十三章　写作教学动态评价………………………………………… 142

　　第一节　大学英语写作教学现状……………………………… 143

　　第二节　学生英语写作积极性变化…………………………… 145

　　第三节　智力激励法——头脑风暴活动……………………… 146

第十四章　大学英语课堂教学现状…………………………………… 151

　　第一节　大学英语实训教学概念……………………………… 151

第二节　课堂教学存在的问题 …………………………………… 152

第三节　教学研究现状 …………………………………………… 153

第四节　研究意义 ………………………………………………… 155

第十五章　大学英语项目实训教学 ……………………………… 156

第一节　相关概念 ………………………………………………… 156

第二节　项目实训教学 …………………………………………… 158

第三节　实训教学实施步骤 ……………………………………… 161

第四节　课堂教学存在的问题 …………………………………… 165

第十六章　信息化背景下教学改革 ……………………………… 169

第一节　教学改革原因分析 ……………………………………… 169

第二节　大中小学相比出现的新特征 …………………………… 172

第三节　英语教学专业与非专业的区别 ………………………… 174

第四节　英语教学工具理性化 …………………………………… 175

第十七章　文化哲学视角下的教学改革 ………………………… 179

第一节　改革的必要性 …………………………………………… 179

第二节　教学改革思路 …………………………………………… 182

第三节　教学价值 ………………………………………………… 182

第四节　大学英语教学的工具性内涵 …………………………… 186

参考文献 ……………………………………………………………… 189

第一章 信息化技术与大学英语教学

第一节 信息化技术应用

一、信息化技术的概念

信息化技术的发展对社会的变革有决定性的作用。那么,到底什么才是信息化技术呢?

一般说,可以从广义和狭义两个角度理解信息化技术的含义。

广义上的"信息化技术"指的是用于管理和处理信息所采用的各种技术的总称。它包含一切感测通信计算机和智能以及控制技术等;狭义上是指利用计算机、网络、广播电视等各种硬件设备及软件工具与科学方法,对文图声像各种信息进行获取、加工、存储、传输与使用的技术之和。从狭义的角度分析,更能体现信息化技术的功能和特点。

二、信息化技术内容

(一)感测技术

感测技术扩展了人类的感觉器官功能。它主要包括传感技术、遥测技术、测量技术、遥感技术等。

（二）通信技术

通信技术扩展了人类的传导神经网络功能。这种技术能够突破空间的限制，帮助人们更有效地传递交换和分配信息。

（三）计算机和智能技术

计算机和智能技术使人类的思维器官功能得以扩展。这是以硬件技术、软件技术为主的计算机技术和人工智能技术的结合，对帮助人们更好地加工和再生信息有重要的意义。

（四）控制技术

控制技术是人类效应器官功能的延长，它通过输入指令，即输入决策信息，实现对外部事物运动状态的干预，也就是具有信息施效功能。信息化技术"四元素"之间既相互独立，又有机结合，以整体的形式共同拓展人类的认知空间。具体说，信息化技术的核心是通信技术和计算机与智能技术，二者是信息化技术存在的基础；感测技术和控制技术则是联系信息化技术与外部世界的纽带，感测技术是信息的来源，控制技术是信息的归宿。这两者则是信息化技术实现其基本作用的前提。

第二节 大学英语教学有效性的提升策略

一、信息化背景下的大学英语教学含义

信息化背景下的技术革新为教学带来了新的技术支持，也带来了更

新的教学理念。信息化背景下的大学英语教学，是要通过各种信息化技术，如各类网络技术、计算机技术、多媒体技术等，来推动大学英语教学效率的提升。随着信息化技术的不断发展，大学英语教学的信息化发展也成为不可阻挡的趋势。信息化背景下的英语教学，将信息化技术应用于大学英语教材教案的编写，课堂教学的推动以及课后师生之间的交流互动等，都能够有效提高英语教学的有效性。

在信息化的背景下的大学英语教学，需要不断加强师生之间的互动，提高英语教学和学习的自主性及能动性，通过良好的互动交流，更好地挖掘学生的学习潜力，充分利用信息化资源，做好教学资源的开发设计，教学过程的高效进行，以及教学效果的反馈改进等各个方面，逐步将英语教学引向信息化、数字化的发展之路，不断提高大学英语教学的有效性。

二、信息化背景下的大学英语教学存在的问题

（一）基础设施不完善

很多大学虽然在教学设备上有一定的投入，然而由于英语教学更多地需要信息化技术、多媒体技术等相关技术的支持，一些学校由于经费的限制，在信息化教学设备方面的支出还比较少。有些学校的英语教学甚至还是采用播放录音的方式进行，语音设备和多媒体信息技术的缺乏，将极大降低大学英语教学的有效性。

此外，有些大学虽然配备了一些语音多媒体教室，然而一方面教室资源较少而需要使用的学生较多，出现了僧多粥少的情况；另一方面，

虽然配备了多媒体教室，然而学校并没有充分发挥其作用，对于一些信息化的网络技术、网络课堂的开发以及网络互动教学的开发等，都没有着手进行。因此，信息化教学设备的不足，阻碍了英语教学有效性的发展。

（二）教学能力有待提高

信息化教学需要采用到各类先进技术，包括网络技术、多媒体技术等。然而由于信息化技术在教学中的应用才刚起步，很多大学教师的信息化教学能力还不足，加上学校对于教师信息化教学方面的培训也不够重视，导致很多教师在英语教学时，仍然采用传统的板书和口头教学等方式。虽然有一些学校已经开始逐步转向采用PPT等教学手段，然而PPT也只是信息化技术中的一种，很多教师仅能简单制作PPT教学，对于更加深入的音频、视频以及各种交互技术的应用还十分少。教师的信息化教学能力不足，使他们的教学效率较低。

（三）教学理念不完善

信息化教学并非仅仅局限于采取各类信息化技术，更重要的是利用这样的技术，实现与学生之间的交流互动，从而更好地明确学生的需求，进而因材施教。然而，当前很多大学老师，虽然有一定的信息化教学能力，然而他们对于信息化教学的理念却理解不到位。

在课程讲解时，虽然会采取一些多媒体等信息化手段，但课程的内容仅仅局限于教材的内容，讲授的方式仍然是传统的灌输式。仅仅采用这些PPT或者音频、视频的手段，并不能从本质上体现信息化教学的特点，应该从教学理念和教学模式上进行综合改变。加强师生之间的互动，做到以学生为中心，开展引导式、互动式教学。

三、信息化教学背景下教学方法建议

（一）突破原有的教学方式

传统的英语备课方式往往采用纯手工的方式，基于课本进行单一的教学设计和教授。然而信息化背景下为英语教学提供了更多的技术支持，也提供了更加丰富的备课方式。因此，信息化背景下的大学英语教学需要采用信息化的备课方式，也即更多地采用多媒体的教学方式和新型的网络化的备课方式。通过网络信息化技术，更好地搜集学生的教学需求，并在此基础上，结合课本的教学内容教案的设计。

教案的设计必须综合考虑到英语课程的总体要求，明确不同阶段的学习重点和难点，分析本单元中知识点和学生的需要及现有语言知识水平，制定检测及反馈学习效果的评价标准和方法，设计英语教学与学习活动的主要步骤环节，结合课后学生与同行评价进行教学总结与反思等。

（二）采用信息化教学方式

目前，很多大学老师都开始转向采用PPT等课件形式进行英语课堂教学，值得注意的是，虽然课件能够在一定程度上提高教学效率，但真正需要重视的是帮助学生自主学习，也即将"教"转为"学"的过程。在课堂教学时，可以采用多种信息化技术，弱化老师的主导性地位，而不断强调以学生为中心的"以学"为主的自主式英语教学模式。

在教学设计时，必须具有足够的开放和互动性，通过各种情景创造、探索学习和合作学习等方式，借助多媒体把课程内容展示给学生，增强

课件和学生的互动，让学生能把所学的语言应用到实际生活中，真正做到教学过程交际化，并更好地帮助学生不断提高自主学习兴趣和能力，在课堂上更多地进行英语学习的思考和应用。

(三) 拓展课外学习方法

当代大学生大多是在信息化时代成长起来的人，他们对于各类信息化技术的了解和熟悉程度都十分高。如QQ、微信、微博、公众号等社交媒体，都十分熟悉。教师应该多利用这些新型的信息化交流方式，更好地与学生进行课外的交流与互动，此外，也应该通过这些新媒体的应用，构建学生自主学习小组，三人或四人组建一个组。在课后可以在小组内用英语进行交流互动，也可以对课堂上学习的知识和问题深入讨论。此外，教师可开设英语专栏，将自己精心设计的高质量课件上传到网上，帮助学生在课外也能够更好地进行英语学习。

(四) 提升教师教学水平

教师的教学能力和水平，对于教学效果而言有着重要的影响。在信息化背景下，必须不断进行教师的培训，提高他们对信息化技术的应用能力，并积极促进他们加强对信息技术的应用。除此之外，学校也应该建立一套完善的教学效果考核机制，综合考察教师的教学效果，考核指标中要包含信息化技术的应用等方面，从而不断激励教师自我学习和提升，更好地加强信息化技术的应用，辅助提高他们的英语教学水平和效果。

第三节　大学英语课程性质及目标

一、性质

《大学英语》是大学生必修的一门基础课程，是针对非英语专业学生而开设的，可进行跨学科的项目训练，比较适合项目实训式教学。

首先，这门课程课时多，周期较长，适宜安排需要时间较长的项目实训教学。

另外，一学期内每周两到三次频繁的见面，也使得学生与老师较为熟悉，有效地拉近了老师和学生距离，从而使讨论、指导、沟通更加充分与通畅，也更加愉快。尽管《大学英语》课程单元多、知识量很大，但教师可以对内容进行分类，将课程内容分为精讲、略讲和自学三部分，在保证不影响课程基本知识目标达成的前提下，将讲授课时适当减少，从而有时间安排项目实训教学的模块。

并且，该课程不仅强调语言知识的学习，更重视语言知识在实际生活中的运用，以及各种情景场合下，应变和各种能力的培养及素质的养成。《教学要求》中对于大学英语的教学目标要求是"培养学生英语综合应用能力"。因此，通过项目实训教学法改进目前的《大学英语》课堂教学质量，对培养学生综合应用能力是可行的。

二、《大学英语》实训式教学的可行性

过去，《大学英语》课程教学与其他大多数学科一样，以线性方式

展开其教学内容,按照考试内容与要求,"循序渐进",重视语言知识的传授,教学内容与教学方法不尽合理,英语教学费时低效。这样的学习,是很难提高学生的英语口语水平,以及未来工作所需要的知识与能力的,难以适应社会的人才竞争与日新月异的社会发展。要改善这一现状,可以运用以课题或项目活动的形式开展教学,在实践活动与实际应用中,达到"学以致用"的目的,提高教学质量,更好地满足社会对人才的需求。《大学英语》课堂实施项目实训教学是可行且必要的。

第四节　教学设计遵循原则

传统的教学设计以教师为中心,教师根据考试要求进行了内容包办,为学生计划好一切教学内容与活动,学生处于被动接受与机械式学习状态,自主意识逐步薄弱,创新能力更无从谈起。项目实训教学法有别于其他传统的教学法,它以"做中学"和合作学习理论为基础,强调"教学做合一",在实践中活用知识。

教师在运用项目实训教学法进行教学设计的时候,要有意识地去引导学生多思考,要让学生成为学习活动的主角,教师有意识地充当配角,引导学生自主探索,敢于发挥主观能动性,在项目活动实施与合作中训练学生的综合能力。在运用项目实训教学法进行《大学英语》教学设计时,要遵循以下几个原则。

一、以语言实际运用为主

根据社会文化理论的观点,语言教学不应仅仅只是教语言,还要拓展学习者的社会潜能与综合能力,以促进他们的社会发展。《教学要求》提出的教学目标与原来相比发生了根本变化,即由原大纲强调培养学生阅读能力为主转变为以培养学生综合应用能力。目标中还增加了培养学生自主能力和综合文化素养等内容,使大学英语教学目标更具整体性。

因此,在《大学英语》项目实训设计时,要以英语的语言实际应用为中心。通过项目为学生提供一个与工作或生活环境相近的情境,激发学生参与的积极性,身临其境,运用恰当的英语交际,培养其语言运用能力,也为未来的工作与生活可能遇到的任务与问题积累经验。

项目的选择和设计是项目实训教学成功开展的起点,同时也是关键。项目主题的选取应以英语的应用与口语交际为目标导向,与实际生活相联系,基于学生未来工作和学习的发展需求,学以致用。仅依靠死记硬背百科全书式的单词、词组以及机械式的翻译是行不通的,要在实践中会说英语、应用英语,并解决相关问题,为日常和未来工作岗位上的英语应用做积累、打基础。

二、以启发创造性为目标

项目实训教学为学生提供或真实的或模拟的客观世界情境以及实践活动。在营造的或真实的情境中,学生经历运用英语的过程:发现问题、提出问题,调查研究,查阅文献获取信息,并对信息进行分析、判读、处理,进而解决问题。学生在实训学习过程中积极调用了自身的全部感觉器官,动脑、动眼、动口、动耳、动手等实践活动,而学生在亲自参与实践活动的过程中,不仅能锻炼实践能力,而且也能增强自己的自信心,在探索的过程中挑战自己,不断进行创新。

项目实训教学法以项目或任务为载体开展教学，在项目的设置以及学生的计划制定上，创设问题要有效引导，能够有效地提高学生主动发现问题、解决问题的能力，改善学生被动学习知识的现状，学生在贴近真实生活的环境与教学情境及有挑战性的项目引导下，学习内驱力被激发，获得了动力，从而推动他们在不断地发现新问题、找到新方法的过程中，获得成就感，信心也得到了加强。

项目实训教学方法的宗旨是培养学生实践应用能力和创新探索精神，强调知识的活用以及各方面能力的训练与提高。项目实训从计划的制定到最后的问题解决，整个过程都要求学生发挥灵活的创造与创新精神。学生只有充分发挥探索与创新精神才能更有效地进行项目研究，才能获得更充实、更深刻的感悟和体验。

三、以团队合作为手段

传统学习以竞争模式和个人化学习为主。缺乏社会化过程，学生之间呈竞争关系，社会能力得不到很好的训练和发展，不利于自身的学习和与他人的关系，同时也不利于将来对社会和工作岗位的适应。企业需要的是高素质、有个人能力同时也能合作的人，单打独斗走不了太远。在人才的招揽上，很多企业往往把组织协调能力及合作能力、团队精神设为必备素养之一，甚至在有的岗位上，合作能力占据主导地位。

合作学习的突出特点是提高发展学生的社会交际能力以及培养集体主义与责任感。在合作学习中，学生置身于人际关系中，学生间学会互相帮助、共同探究、相互学习、共同朝着目标迈进，合作过程中也能增强其责任感与集体荣誉感。

第二章 信息化背景下教师发展状况

第一节 教师的重要性

教育大计，教师为本。有高水平的教师，才有高水平的教育。自20世纪60年代起，世界上许多国家开展了旨在促进教师专业水平提升的理论研究和实践探索，希望通过提高教师的整体素质来实现提高教育质量的目的。促进教师专业发展是世界教师教育发展的趋势和潮流，也是我国教师教育改革的方向。

在我国，大学英语教师是一个庞大的群体，其成长和发展与国家和社会的发展休戚相关。随着《大学英语课程教学要求》的正式颁布和大学英语教学改革的不断推进，各高等学校纷纷构建新型教学模式，即基于计算机和课堂的英语教学模式。新教学模式以现代信息技术，特别是网络技术为支撑，使英语的教与学在一定程度上不受时间和空间限制，朝着个性化和自主学习的方向发展。

教学模式的改变是教学方法和教学手段的变革，更是教学理念的转变。新教学模式的实施，为广大大学英语教师带来了前所未有的机遇和挑战。基于这一现实背景，大学英语教师专业发展的研究已成当务之急。

在外语教学的漫长发展历史中，教师始终是教学的主导。教师素质是提高教育质量的关键，是大学英语课程建设与发展的关键。同样，大学英语教学改革为教师提供了专业成长的良好契机，能否把握它也是决定大学英语教师发展的关键。学生在发展，教学内容、教学要求、教学模式等在发展，大学英语教师也要不断丰富、完善和发展自己，以适应瞬息万变的时代的需要。本研究切合国家和时代赋予教师的重要使命，必将为大学英语教学改革提供思路，为大学英语教师成长和发展提供指引，为教育管理部门实施教师培训提供参考。

21世纪，人类社会进入了知识化、网络化和信息化的时代。在国际竞争日趋激烈的今天，越来越多的国家以人才立国为基本国策，将人才战略上升为国家重点战略，而人才培养的基础在教育，关键在教师。自20世纪60年代起，世界上许多国家开展了旨在促进教师专业水平提升的理论研究和实践探索，逐渐达成一种共识——没有教师的协助和积极参与，教育改革就不可能获得成功。各国都希望通过提高教师的整体素质实现提高教育质量的目的。

在我国，外语教学从未像今天这样受重视，这样受教育管理部门、广大教师与学生乃至学生家长的关注。大学英语教学改革从一开始就被列入国家战略发展计划并成为高等教育质量工程的"突破口"，是一场有史以来最大规模的、最彻底的外语教育改革运动。时至今日，大学英语教学改革从大纲修订到教学模式、教学方法、教学手段、教学内容、教学评价等方面都发生了巨大变化。毋庸置疑，广泛而深入的教学改革如果没有广大教师的参与就无法落到实处。

目前，大学英语教学改革已进入全面深化的阶段，但仍存在一些问题。例如：有些高校领导重视不够，资金投入不足，硬件设施不能够满足教改需求；一些大学英语教师理念滞后、教改认识不够，或教学理念与实践相脱离等。大学英语教学改革和新教学模式的实施是不可逆转的时代潮流，是大学英语课程发展的必然。通过对大学英语教师专业发展现状的调查，明确大学英语教学和教师发展中存在的具体问题，并提出针对性的解决方案，从而为进一步深化大学英语教学改革提供思路。

第二节 信息化背景下教师发展现状

一、教师发展研究

"教师发展"一词是由"教师培训"和"教师教育"演变而来的。这三个用词的不同反映出师资培训领域研究重点的变化。"教师培训"一词强调对课堂教学的技能技巧的培训，而忽视了对教师的通才教育及其认知结构的发展。

"教师教育"一词则强调教师不仅要接受课堂技能训练，还要开展应用语言学、语言测试和评估、科研方法等理论学习，其目的是提高理论知识，扩展思维空间。"教师教育"一词对教师专业发展有了更本质的认识，但它忽视了教师在专业发展中的主体地位，把教师看作受训者，被动地接受教育内容。"教师发展"一词则在强调"教育"的基础上重视教师的自我主动性。它强调发展要素的内在性和自觉性，强调教师的主体性，由教师主动发展自己，其核心是教师自我发展意识。

教师发展的核心是教师专业发展。教师专业发展是教师专业持续发展的过程，是教师不断接受新知识、提高自身专业素质及改善自身专业地位的过程，是外部客观环境的支持与教师自身内部的努力相互作用、共同促进的结果。教师专业发展分为两种表现形式：个体专业发展与群体专业发展。教师专业发展以个体专业发展为基础，最终实现群体专业发展这一目标。

二、教师专业发展现状

教师是教学的主导。国内外许多学者从教师培训、教学模式、教学策略、反思性教学、教师认知等不同角度研究教师。关于教师专业发展的研究最早始于 20 世纪 60 年代，80 年代以来逐步成为教育研究的热点。综合国内外学者关于教师专业发展的研究，发现以下几个不同的维度：

在教育界，学者们经常用到一些与"教师专业发展"一词意义相近的词汇，例如"教师发展""在职教育""专业发展"和"职业发展"等，这从一个侧面反映出教师专业发展内涵之丰富。

有关教师专业发展途径的研究涉及教师、教学管理部门、学校等各方面，普遍采用的途径主要包括校本培训、行动研究与反思学习、学术会议与交流、教师合作、网络与博客等。

三、英语教师现状

20 世纪 60 年代，国外英语教师教育开始兴起，主要培训内容是教学方法和教学技巧，希望通过培训使教师熟练掌握教学技能，并有效运用于教学实践，提高教学效果。70 年代，外语教师硕士课程出现了一个重要的的学科分支，即应用语言学。应用语言学强调理论知识，期望教师能够用先进的理论知识指导教学实践，取得理想的教学效果。80 年代，外语教育研究关注的焦点转移到学习者身上，包括学生的个体差异、学习策略、学习自主性的培养等，教师教育逐渐被边缘化。20世纪90年代，英语教师教育进入了崭新的阶段。

21世纪，人类社会进入高度发展的信息化、多元化、全球化的时代，各国之间在政治、经济、科技、文化等领域的交往越来越频繁，英语作为国际通用语言和重要的信息载体，已成为各国教育发展的战略重点。在这一时代背景下，英语教师发展研究正在受到越来越多的重视。

我国对英语教师专业发展的研究直到20世纪末才逐渐兴起。研究不但迟缓，而且还很不足。通过对已有相关文献的搜索和分析发现，多数研究是探讨中小学教师教育问题。这表明高校英语教师的专业发展问题长期被忽视。事实上，高校教师承担着培养高层次专门人才的重任，更需要加强教学与科研能力、综合道德修养与终身学习的理念。近年来，我国外语教学界已经认识到教师发展研究的重要性，不少关于大学英语教师的研究取得了具有我国特色的研究成果。

四、大学英语教师专业发展

大学英语教师专业发展涉及"专业""专业化""教师专业发展""大学英语教师专业发展"等几个概念。准确把握这几个概念，有利于我们深刻理解大学英语教师专业发展的内涵。

（一）专业、专业化和教师专业化

专业是与"普通职业"相对而言的。"普通职业"包含较少的心智劳动，其本质是基本操作行为的重复。专业则是指"专门职业"，它是指一群人经过专门的训练，具有专门的知识和技术、按照一定专业标准提供专门的服务，促进社会进步并获得相应的社会地位和报酬。

专业主要以服务为动机，而不是单纯的谋生工具。专业化包含两个同时进行并可独立变化的过程，一是地位的改善，二是职业的发展、专业知识与技术的提高和改进。还有学者认为，专业化是指普通职业群体逐渐符合专业标准，获得专业地位的过程；另外，它还意味着这一职业群体的专业性质和状态处于何种情况和水平。总体来讲，专业化有两个维度：地位的提高和实践的改进。

（二）教师专业化概念分析

关于"教师专业化"的认识主要有两种。

（1）所谓教师专业化，一指教师个体专业水平发展的过程和结果，即教师个体专业化；二指教师群体为争取教师职业地位的改善努力斗争的过程和结果，即教师职业专业化。

（2）教师专业化的概念从动态和静态两个角度把握。从动态角度而言，教师专业化是教师经过严格的专业训练和不断的自主学习，成长为一名专业人员的动态变化过程；从静态角度而言，教师专业化是教师职业作为一个专业，教师作为专业人员得到社会承认这一发展结果。

五、大学英语教师发展

大学教师从事的是一种教育性和学术性兼具的专门职业。教育性和学术性是大学教师最基本的特质，是大学教师职业生涯的核心，也是衡量大学教师专业发展水平的重要价值尺度。从大学英语教师的教师角色和专业性质分析，大学英语教师专业发展的内涵应包括其教学、科研和社会服务的专业知识、专业技术、专业能力和专业素养。换言之，大学英语教师专业发展是指大学英语教师在其整个职业生涯中，依托专业组织，通过不断的学习与训练，使得专业知识与技术、专业能力、专业道德等方面由不成熟到比较成熟的发展过程，即由一个新手英语教师发展成为专家型英语教师的过程。

大学英语教师专业发展是大学教师为提升专业水准与专业技能自觉学习并实施各项专业活动，改进教学效果，努力成为一个优秀的教育工作者的专业成长过程。更深层意义上大学英语教师专业发展是一个终身学习的过程，是一个不断充实、更新知识的过程，即教师通过接受专业训练和自身主动学习，逐步成长为专家型和学者型教师，不断提升自己专业水平的持续发展过程。

当今时代，大学英语教师面临着社会的期许和改革的机遇，只有及时调整自我、完善自我，加快专业发展的步伐，才能更好地担当起时代的重任。

第三节　大学英语教师的要求

一、学习英语学科知识

英语学科内容知识是指教师的英语语言能力，它是大学英语教师完成教学活动的基本保证。作为一名英语教师，最起码的要求就是懂英语，而且英语要好。教师的英语好，本身就是个榜样，会给学生起到表率作用。因此，英语教师对语言的精通程度是很关键的。

英语教师首先必备的知识是掌握英语语言，既掌握其陈述性知识，如词汇、语法、功能等，又掌握其叙述性知识，即听、说、读、写、译各项技能。其次，英语教师还应具备与英语语言相关的文化知识和理论知识。英语教师应注意积累英语国家文化知识，这对于有效教学非常必要。理论知识则包括语言学理论、英语习得理论和教学法等。

会说英语但不具备与语言相关的理论的人很多，英语教师应具备这方面的系统的知识，要懂语言，还要懂得语言学。

二、学习英语教学知识

英语学科教学知识是指教师的语言教学技能，它是教师个人在教学实践中获得并不断发展的知识。懂英语的人不一定能当好老师。大学英语教师要善于将英语的学科内容知识呈现给学生，这就要求教师"会上课"，能够在课堂上组织各种教学活动，运用多种技巧，能够活跃课堂气氛，在生动活泼的教学氛围中传授知识和操练学生的语言技能，从而提高教师的教学质量和学生的学习效果。丰富的学科教学知识能够帮助教师合理构建课程内容并选择适当的呈现方式，因而是大学英语教师专业发展的关键因素之一。

知识取向的教师专业发展要求大学英语教师具备扎实的语言知识和良好的教学基本功。语言知识属于理念的范畴，教学基本功属于实际操作的范畴，即"教什么""怎么教"。这是教师培训中应该重视的。现在有很多人不清楚教师到底应该掌握什么，所以也不知道该如何培训教师，使得很多培训流于形式。因此，我们应该重视教师培训的有效性，避免

"走形式"。另外，我们还应注意到，传统的教师培训对大学英语教师的专业发展具有一定的积极作用，但培训内容往往是孤立的知识和技能，过于强调书本知识和外部训练，教师处于比较被动的地位，其实践知识和自我发展意识被忽略。大学英语教师专业发展不仅仅是外延的变化，更应该是深刻的内涵的变化。

三、教师教学活动

教师的教学活动和教师发展是由教师和学生作为独立的个体丰富而独特的经历，及多种因素交织在一起所呈现的一种复杂的人文现象。它既包含着客观事实，又包含着人文价值和意义，具有历史性和社会性。如果单纯以定量研究把握这种人文现象，揭示教育活动内在的交互作用关系，使对教师反思和教学活动的描述达到数字化和精确化，其局限性是显而易见的。

在基于计算机和课堂的英语教学模式中，课堂仍然占有重要的地位。新的教学模式绝不是要削弱课堂教学，而是要不断加强这一环节。课堂是教师转变角色、实践教学理念的场所，蕴含着丰富的研究要素。教师专业发展具有很强的情景性、动态性。

四、不断自我反思

随着大学英语教学改革的不断深化，越来越多的教师逐步树立起新的教学理念，并付诸实践。然而他们在教改实践中不可避免地会遇到各种问题。反思可以帮助他们调整教学活动和教学方法，形成对今后教学方向清晰的认识，为下一步的教学行动做好准备。

反思包括个体反思和群体反思。个体反思是一种有意义的探究活动。教师通过撰写反思日志或反思性报告进行教学总结，也可通过听取学生反馈意见等方式发现自己的不足。此外，由于大学英语教师在教学对象、教学目标、教学内容、教学模式、教学方法等方面有很多相似之处，可以通过教研活动、集体备课等方式寻求同事的合作与帮助。

这种群体反思的方式往往富有成效。

教师反思与教学实践的循环往复、相互作用、相互促进，推动教师的专业发展处于一种不断上升的动态变化过程之中。这一取向的启示在于，大学英语教师需要不断地深入思考，通过反思获得对教改实践的理解、对新观念的接纳以及对新知识的内化。在教学实践中，要勤于探索、勇于改进，将反思的作用落到实处。同时，教育管理部门和学校对教师的培训不应只关注其知识和技能的增长，还要努力提高他们的反思能力。

"教师专业化"更多是从社会学角度加以界定的，是一个多主体共同努力的过程，主要强调教师群体的发展，"发展"是指事物由小到大，由简到繁，由低级到高级，由旧物质到新物质的运动变化过程。人的发展过程是指从幼稚到成熟且不断完善的过程。教师的发展过程亦是如此。具体来说，教师需要经历从具有专业知识的个人，成长为教师，再发展为有经验的教师，最后成为实践教育者的持续过程。

第三章 信息化背景下英语教学研究

在现代信息技术渐趋成熟和计算机等多媒体使用日益普及的今天，我国应用型本科院校的英语教学也在顺应时代发展，并逐渐兴起了以计算机、多媒体等信息技术手段为代表的信息化教学。然而，从目前我国应用型本科院校英语信息化教学整体情况看，英语信息化教学状况并不乐观。因此，探究应用型本科院校英语信息化教学过程中存在的问题，如何更好地为国家、社会培养出更多高水平的创新型复合人才是我国高等教育教学研究的重要课题。

第一节 教师教学存在的问题

一、教育理念难于转变

在大学英语教学新模式的引导下，大学英语教师作出了相应的转变。其最大的转变就是教学理念的更新。相对于教师所具备的知识和技能，教学理念对其教学行为的影响更大。随着教育理念的更新，教师在教学方式上作出了相应的调整和转变：普遍增加了课堂师生互动、学生间互动的内容；注重调动学生兴趣；教授学习策略；重视学生自主学习能力的培养；改进教学手段等。这在一定程度上改善了传统的大学英语教学状况。

课堂观察表明，大学英语教师正在逐步适应大学英语教学改革的需要，并根据教改要求作出了自身的调整，然而，由于自身教学能力、理论水平等因素以及学生的配合和参与程度，课堂教学还不能完全落实教改理念，有些教学活动组织不够灵活，学生参与度不高，凸显了大学英语教学改革形势下，教师专业发展存在的障碍。调研发现，大部分教师认为自己基本上适应了大学英语教学改革的理念，但普遍认为改革理念在实际运作中存在一定困难，并且还存在应试压力和评价机制等障碍。

二、教学素养欠缺

教师的职业特点决定了教师不论是学习新知识、接受新思想，还是确立一种理想信念，都要通过自己的选择认同，经过内心体验、思考和分析，在自我内化的基础上来完成。在新一轮的大学英语教学改革中，大学英语教师专业发展的问题已引起方方面面的重视，大学英语教师近年来获得了更多的各类进修提高的机会。

尽管如此，多数教师仍然感到学习效果不太理想。教学理念和理论内化到教学活动发生实质性的转变，是一个充满互动的、复杂的教师认知和发展过程。如果没有教师的自我反思，外部的教育是很难产生影响的。大学英语教师如果不能从思想高度认识到自我发展是事业发展的需要，只是简单、被动地接受，或是反思肤浅，教学活动就只能停留在应付或完成的状态，很难有所创新。因此，培养教师的反思能动性是教师专业发展的关键环节。

终身学习促使教师知识不断更新，思想与时俱进。在教师职业生涯的某个阶段，如果缺失了学习，教学水平和专业发展就会停滞。自我学习是教师成长的动力和源泉。

第二节 新教学模式下英语教学方法

一、利用信息化资源

在基于计算机和课堂的英语教学模式中，计算机和课堂共同构成教育环境。教师不再是唯一的权威，而是与计算机分享权威。师生间的交往方式也从单一的面对面交往转变为面对面交往和网上交流等多元化的交往方式。新教学模式弱化了教师的权威地位，学生和教师在机会均等的情境下分享权威教学资源。因此，教师必须转变自身角色，由学生学习的控制者转变为学生学习的参与者。

二、营造情感性课堂

在语言学习中，情感因素发挥着重要的作用。积极、自信的情感能够充分发挥甚至放大学习潜力，而压抑、封闭的情感则会妨碍学生的学习，影响学习效果。在传统的教学模式中，教师只能通过展示个人魅力和灵活运用教学技巧活跃气氛，激发学生积极的情感。新教学模式由于计算机和网络多媒体的参与而注入了新的元素，但在教学实践中，许多教师往往把握不好如何合理使用现代教育技术。新技术的过度使用使一些教师沦落为简单机械的"电脑操作员"，失去了与学生的情感交流。因此，新的教学模式下，教师应适度运用现代教育技术，将自身定位为弥补情感缺失、实现情感交流的"课堂主持人"。

三、不断调整教学活动中心

在引入计算机和网络之前的传统教学模式下，教师在教学活动中是知识的灌输者，以"讲授"为中心开展教学活动，这容易导致学生被动接受知识而忽视主动学习。网络多媒体教学综合利用声音和图文等多种手段，能够为学生提供界面友好、形象直观的交互式学习环境，实现对学生多种感官的综合刺激，从而提高学生对知识的获取效率，延长记忆保持的时间。

在新的教学模式下，知识传达的一部分任务由计算机和网络代替教师承担，教师的主要任务是考虑如何引导学生更好地接受和理解知识，教学活动的中心转移到学生身上。因此，教师必须实现由知识的传授者到学生主动学习和建构知识的指导者的角色转变。

课堂活动的成功与否在很大程度上取决于教师的组织。随着各高等学校纷纷实施基于计算机和课堂的英语教学模式，以学生为中心的、互动的课堂活动模式已经深入人心。大体来讲，英语学习活动包括个体活动、结对活动和小组活动三类。如何设计、安排和组织课堂活动和学生课外的互助合作是教师的重要任务。对于课堂活动，教师要说明活动规则，要对学生进行合理的分组，并引导学生开展活动。对于课外活动，教师则有责任协助学生利用各种渠道和平台。当学生遇到困难时，教师应积极介入，主动参与矛盾的解决。

（一）学生学习活动的参与者

学生的学习过程是一个主动建构知识的过程，而不是通过教师传授而获得的。知识和技能的习得重心在学生的"自主学习"上。如果只单纯听老师讲授，而不去实践和探究，即便理论知识掌握再牢固，学生的大脑也只是知识的储存器。因此，在教学中，教师应参与到学生的学习活动中，成为学生学习的合作者和参与者，使彼此之间形成一个真正的"学习共同体"。新教学模式具有很强的交互性，教师应设计一些有利于师生间或学生间互动的教学活动并参与其中，这对于激发学生参与的积极性、改进教学效果都有积极的作用。新教学模式下的教学过程应该是师生交往、平等对话、共同发展的互动过程。

（二）学生自主学习的帮助者和促进者

大学英语的教学目标之一是"增强学生的自主学习能力"，自主学习是新模式设计的不可缺少的一部分。事实上，在大学英语教学中，绝对的自主学习是不现实的，自主是相对于依赖教师指导而言的一定程度上的独立。有些学生最初接触网络学习时热情很高，但经过一段时间后积极性就慢慢减退。还有些学生在判断和选择学习内容、材料和学习方法方面存在着困惑。在自主学习中教师的作用在于帮助学生明确学习目的，激发学习动机；在于指导学生选择适宜的学习材料和学习策略；在于为学生提供有效的监控和反馈。

（三）学生学习效果的检测者和评估者

教学评估是大学英语课程教学的一个重要环节。全面、客观、科学、准确的评估体系对于实现教学目标至关重要。积极的评价是激发学生进步的内在动力。在新的教学模式下，学生自主学习的空间很大，学习内容非常广。学生在自主学习能力不断提高的同时，仍然需要教师给予评价和反馈。教师应该加强评估方法和评估内容方面的研究，改变以往只注重考试成绩的传统评价方式，利用多种检测和评估手段，综合评价学生的学习过程和效果，对学生的自主学习提供适时的反馈，使他们在不断调整的过程中得到提高。

显然，随着大学英语教学改革的推进和新教学模式的实施，传统的教师角色已不能适应时代的要求。教师不能只满足于"传道、授业、解惑"，而要重新进行角色定位。在教学中，教师主导要与学生主体有机地结合起来，重视发挥学生的主动性和积极性，重视培养学生的学习自主性，才能适应新教学模式的需要。

第三节　英语教学反思

一、转变教育理念

所谓教育观念，主要是指教师的教学观、教育目的观、知识观和学生观等。新教学模式要求教师要转变教育观念。具体而言，在教学观方面，教师要积极与学生沟通交流，使教学成为师生之间的对话，成为师生真诚交往、共同探求和建构知识的过程。以往传统的"讲授"知识不再是教学的唯一目标，教师应努力激发学生的学习兴趣，帮助他们掌握学习方法，培养他们的自主学习能力，鼓励他们去发现和掌握知识。

在教育目的观方面，教师要树立"以人为本"的理念，以学生为中心，尊重学生的个性差异，关注他们英语学习能力的可持续发展。在知识观方面，教师要认识到，知识不是静态获取的，而是学生主动建构的结果，教师应该精心设计和组织多种教学活动，帮助学生主动建构知识，得到充分的发展。在学生观方面，教师应该把学生看作是自主的学习者，在主动建构知识的过程中开发潜力，发展个性。在教改新形势下，教师只有积极转变教育观念，才能适应时代需要，从而寻求专业的自主发展。

二、丰富专业知识

《课程要求》把大学阶段的英语教学要求分为三个层次：一般要求、较高要求和更高要求，教改推荐使用的大学英语教材内容也比以往更具前沿性，这无疑对教师的知识结构提出了更高的要求。教师应树立终身学习的理念，加强自主学习，努力提高专业水平。另外，在课程改革和新模式推行的过程中，教师需要以一定的理论知识指导教学实践，加快专业发展的步伐，因此，教师应给予理论学习充分的重视。

新教学模式的实施，要求教师的各项专业能力全面发展，包括信息能力、课程能力以及研究能力等。信息能力是指教师能够通过各种渠道获得信息，吸收新知识，经过选择、加工和提炼后传授给学生的能力。课程能力包括教师对课程的组织能力、设计与开发能力等，教师要有意识地加强这方面的锻炼，使自己的课程能力得到较快发展。

研究能力是教师在教学实践中发现问题、分析问题、解决问题的能力，包括搜集资料的能力、搜集教育研究经验的能力、掌握和运用教育研究方法的能力等。教师在教学实践中，如果能够以研究的态度去对待自己的教学，能够更好地调整自己的教学思路，会得到更多的经验和解决问题的方法，获益会更多。

三、需要反思型教师

信息化背景下的英语教学需要反思型教师。教师必须培养自身从经验中学习和对教学实践进行反思的能力，审视教学过程，分析教学活动中发生的具体情况，解决教学实践中的具体问题和困惑。大学英语教师通过定期的、有规律的、形式多样的反思，才能使教学实践中的各个环节变得鲜活和连贯，才能将理论和实践相结合，将隐性和显性知识联系起来，从而使整个教学过程充满实践意义。

四、教师合作共赢

在信息化时代，教师仅靠个人的力量寻求专业的发展是远远不够的。教师队伍内部往往参差不齐，在孤立的教学状态下，由于教师之间缺乏交流，个体差距会越来越大。大学英语教师在教学内容、模式及评价等方面具有很多的共同之处，教师合作具有尤其重要的价值。形成默契的合作小组，相当于为教师们提供了一个相互学习取长补短、沟通交流的平台，促使教师在合作和互动中认识自我、超越自我，对于实现教师群体共同发展有重要意义。具体来讲，可以采取以下措施：

（一）展开集体教研活动

集体备课是在教师个人认真准备的基础上进行集体研讨的教研活动，是校本教研最普遍的形式。这种教研活动能够集中教师群体的智慧，共同研究教学中的一般问题，使教学工作更为有效地开展，其意义在于促使教育教学效益最大化。现在许多学校将集体备课作为一项制度，要求教师定期开展。但集体备课的目的不是为了追求形式，而是为了达到理想的教学效果。较为有效的方式是，在教师精心准备的基础上，让每位教师将他的授课方案呈现出来，然后组织大家讨论分析，确定一个最佳方案。如果没有教师的认真准备为前提，一开始就采取共同讨论的形式，教师就失去了发扬个性的机会，难以达到理想的效果。

（二）开展听课、评课活动

由于听评课制度已成为各校教研活动的常规，很少有人关注它的实效性。许多教师在听课过程中把自己定位成一个"旁观者"，听课中无所思，听课后无所得。事实上，听课者应该把自己定位为"参与者"，要"有备而听"，事先做一定的准备工作；听课中要以一个学生的身份去感受课堂活动，注意观察和记录；听课后要及时思考和整理。

对于评课而言，可分为四个步骤：课堂流程、一个突出的优点、一点儿建议，最后提出一个新的教学设计。另外，教师在评价他人的过程中也应该注意审视自身的教学。教学管理者对教师的听课评课应该进行更加合理的规划，使教师在听课评课的过程中有效交流、互助合作、共同进步，使听课评课真正成为教师合作发展的有效途径。

（三）组织教研小组

教师所处的工作情境与教师的专业发展息息相关。通过组建教师研究小组，将有着共同研究兴趣的教师统一在一起，这等于是为教师提供了一个论坛，教师在群体之中不仅能一起规划其专业发展的需求，而且通过共同工作加深对教学的理解和对学生的了解，探讨具体的教学策略，以及反思和讨论新的教学策略怎样落实在教学实践之中等问题。参加研究小组有利于拓宽教师的知识面和视野，增加与同事交谈和学习的机会，与同事分担工作中的困惑和挫折，并开放性地讨论学科知识、学生和教学，为教师之间的教学或科研合作打下良好的基础。

（四）运用网络技术展开教研

随着网络技术的应用和发展，网络作为一个共享资源的巨大的交互平台为教研活动提供了更为灵活的组织形式。网络教研以其特有的优势，弥补了其他传统的教研活动受时间、空间、专家聘请或教师个体因素等限制的缺点，为促进教师自发学习主动研究提供了极为便利的条件。

（五）通过实战培训

在信息化背景下，无论是新手教师，还是经验丰富的老教师，其教学方法都受到长期的传统教学方法的深刻影响。如何突破以往的教学模式对于现阶段的教师发展十分重要。

教学观摩和演练有助于教师之间互相学习、取长补短，但如果上升到职业培训的高度，就需要教育部门或学校认真细致地做好规划，例如，学校定期举办教学大赛、教学观摩；安排教师到教改开展比较彻底的学校观摩兄弟院校的教师授课；派英语教师到名校访学等。另外，上海外语教育出版社近两年举办全国性的大学英语教师教学大赛，利用暑期组织大学英语教师参加短期培训，观摩获奖教师授课，这无疑为大学英语教师提供了学习提高的良机。

第四章　人工智能与英语教学研究

第一节　人工智能概念

人工智能自1956年提出到今天，其概念一直没有得到统一。有定义人工智能为一门关于知识的学科的，有将人工智能视作计算机的一个分支的，也有认为人工智能是使计算机去做人做的工作的。

一般认为，人工智能是通过程序、数据和算法来模拟人类智能（感知、记忆、学习思维等），使机器具备人类的功能（识别、认知、分析、决策等）的技术科学，涉及计算机科学、信息论、数学、神经生理学、语言学、心理学等多个领域的交叉性综合性学科。人工智能的发展以及与各个领域的融合，衍生出了许多新的概念。

在教育领域中，人工智能与教育的研究中常涉及"智能教育""人工智能教育""教育人工智能"的讨论。一般认为，人工智能教育是将人工智能作为学习对象，开展人工智能知识和技能相关教育。而教育人工智能则把人工智能作为教育的手段，助推教育创新发展。

智能教育通常具有双重属性，即教育视角以育人为目标，信息化视角指育人的技术。由此可见，教育人工智能侧重于如何将人工智能应用到教育中，以增能、使能和赋能教育，为教育目标的实现提供支持服务，促进教育的最优发展。

第二节 人工智能背景下的英语学习情况

　　科学技术的迭代更新加速，加快了信息时代向智能时代过渡的进程，社会进入智能化、信息化的新时期。新时期的技术发展作用于教育领域，改变了传统教育理念、创新了教育模式、优化了教学方法。教育改革的目的是促进教育提升，合理运用技术来促进教育发展，是新时期教育改革创新的必然趋势。

　　就英语学习而言，技术始终肩负着至关重要的任务，从早期借助留声机练习发音，通过无线广播远程学习，利用录音机进行听力和口语训练，通过录像机开始视听学习，利用电视机实现大范围的电视教学，以及现代多媒体、网络等带来网络学习、移动学习等，技术始终在英语学习中扮演着"助推器"的角色。

　　当前，以人工智能技术为引领的现代信息技术正在英语学习中发挥作用，基于人工智能技术对学生的英语水平进行个性化精准测试，帮助学生及时矫正发音，跟踪并精准记录学生的学习行为数据，进而通过科学的数字画像分析以促进学习效率提高。人工智能支持学习已经成为当前英语教育信息化的研究前沿，力图通过人工智能技术改变传统的教学模式，提高教师教学质量，让学生获得更好的学习体验，从而促进英语学习质量提升。

　　学习适应性作为衡量学生学习效果重要的指标之一，是决定学习质量的关键。许多研究表明，良好的学习适应性是学生取得较好学习成绩的重要保证，并且学习适应性对学习成绩有显著正向预测作用。反之学习适应性不良就可能导致兴趣衰退、动力不足、情绪不稳、信心不足，从而影响学生的学业正常发展和身心健康成长。教育心理学研究表明，学习适应性是一个普遍存在的问题，并且，任何一种教学组织形式的学习都存在着学习适应性问题，即使是沿用几百年的班级授课，也不是所有学习者都能适应。

人工智能与英语教育的融合，带来英语教学环境、教学内容的变化，以及教师教学模式、学生学习方式的转变。对在校大学生而言，参与人工智能支持的英语学习还是一种新的体验，需要适应新的学习环境和新的学习方式，以及掌握新的学习方法，从而保障智能学习环境中自身英语成绩的良好发展。

目前，人工智能支持英语学习处于不断发展中，相关研究进行得如火如荼，初步实现了人工智能支持英语学习的功能多元化，应用场景全覆盖，在实践应用中获得众多学生和教师普遍认可。相关研究发现，在英语教与学中，人工智能已经在个人辅助写作、人机对话写作、机器自动写作、群体共同协作中卓有成效；在学、教、辅、测、评等方面提升了效率，并且在教学中应用人工智能可以激发学生学习的内驱力，强化教师的引导作用，进而改善教学质量。

同时，也有研究发现，随着人工智能支持英语学习实践的开展，也存在一定程度的学习不适应现象，如在智能语音学习中部分学生缺乏参与感，自主学习策略不适应以及对英语资源与平台的适应性差等问题。这些问题直接影响学生英语学习的效果和质量，影响人工智能赋能英语学习效用的发挥，并且也不利于智能教育环境下学生的心理素质发展。

因此，有必要进一步深入探索人工智能支持下学生英语的学习适应性问题，进而提升学生人工智能支持下的学习适应水平，提高学习质量。

第三节 人工智能对于英语教育的优势

人工智能在英语教育中潜能巨大，机器翻译、自然语言理解、语音识别技术等已经应用到了英语学习中。关于人工智能是如何支持英语学习的，从已有研究来看，主要体现在人工智能支持听力训练、人工智能支持口语学习、人工智能支持写作训练等方面。

一、有助于大学生的英语听力训练

听力是大学生英语考试中的重要模块，人工智能支持英语听力训练主要是以人工智能语料库为学生提供庞大的英语听力学习资源库。智能测评学生听力水平，根据学生的个性化选择，以及记录学生学习习惯，自动为学生检索适合的听力学习资料，为学生提供个性化精准学习服务。

二、有助于大学生的英语口语练习

口语是语言学习中的重要内容，集合了听和说，通过口语表达可以检验学生语言学习情况，以及反映学生的语言知识应用能力。基于人工智能技术使机器能够听懂人的语言，并给予及时反馈。人工支持口语学习，创设虚拟口语对话交流场景，以及对学生对话场景中英语错误的表达给予及时纠正。口语表达讲究发音精准和表达流畅，针对发音练习，人工智能可以示范读音，通过语音识别、自然语言处理等技术对学生的发音识别、分析，进行准确、实时的评估，纠正发音，并且学生可以无限次地泛读、跟读，反复练习发音。

对学生口语表达流畅度的训练，主要是虚拟场景对话练习，人工智能技术创设各种虚拟的"母语式"交流场景，学生基于虚拟场景进行人机对话，人工智能技术会对学生语言表达的准确性、语音、语调、语速等进行点评，使学生实时了解自己的口语学习情况。

三、有助于大学生的英语写作练习

写作水平体现了学生的综合语言应用能力和逻辑思维能力。人工智能支持英语写作训练主要是指导学生创作以及对英语作文纠错、改错和点评。

人工智能写作系统主要是基于语料库、云计算、自然语言处理技术等，一方面由虚拟教师根据写作主题指导学生写作，帮助学生搭建写作框架，根据写作进程提供参考词汇，锻炼学生写作语言组织能力，辅助学生完成写作；另一方面对学生作文的错误拼写自动识别，分析句式用词、语法、搭配、表达内容等，进行具体纠错，做出修改指导，并进行整体评分。学生人工智能在实践应用中以 App、网络平台系统、学习机器等多种形式实现对英语学习的支持。随着智能手机的发展，智能教育 App 受到了广大学生和老师的青睐，在英语个性化学习中得到有效应用。

需要说明的是，尽管目前关于人工智能支持的学习环境下学习适应性的文献相对较少，但由于人工智能支持的学习属于信息化的学习，人工智能学习环境与其他信息化学习环境存在较强内在联系，因而其他信息化环境下的学习适应性相关文献可以启发人工智能支持下的学习适应性研究。此外，信息化学习环境中的学习适应性与一般学习环境中的学习适应性研究具有一脉相承的关系。

因此，为更好地对人工智能支持下大学生英语学习适应性进行探索，相关研究中梳理一般学习环境和信息化学习环境的学习适应性研究。

第四节 人工智能对于学生本身的影响

由于在人工智能学习环境中学生更具有主体性，获得了更多的自主权、自由权，由原来的知识接受者转变为知识的建构者，真正从"受教育者"转变为"学习者"。并且，在转变学生角色赋予学生更多自主权与支持学习个性化发展的同时，也要求学生具备更强的自主学习能力。不仅要求学生能够针对学习问题采取合适的学习方法策略，还要能够基于教学目标制定个人学习计划，能够在学习过程中进行自我监督和总结评价，才能在人工智能的个性化学习中获得更好发展。学生自主学习能力在一定程度上保障了学生更好适应人工智能环境中的学习。因此将"学习方法适应"更改为"自主学习能力适应"更加符合学生人工智能支持学习中的适应性特点。

而且，根据建构主义学习理论进一步理解，学习是主动获取知识的过程，强调知识不是由教师传授得到，而是基于一定情景，借助他人帮助（如：教师、学生），利用学习资料，通过同化、顺应两种相互作用的过程完成对知识的意义建构的方式获得。学习过程中，学习者不是知识的被动接受者，而是知识的主动建构者，自觉主动探究学习。因此，自主学习能力是学生对知识意义建构的关键，更加确定了自主学习能力对学习的重要意义。

人工智能支持的学习是一种人与机器协同的学习方式，在学习过程中重视学习交互的作用。交互建立起人与机器之间的联系，是学习过程中的关键因素，在一定程度上决定着学习的质量和效果。因此，在人工智能支持下大学生英语学习适应的构成中包含"学习交互适应"。

第五节　人工智能支持下大学生学习策略

通过对人工智能支持下大学生英语学习适应性水平情况及其影响因素效应关系分析，了解到目前大学生在人工智能支持英语学习中的学习适应性处于中等水平，学生各方面的学习适应水平有待提高，学习适应性影响因素间存在比较复杂的结构关系。根据相关研究结果，以提高人工智能支持下大学生英语学习适应性水平为目标，结合建构主义学习理论、社会学习理论，本研究从学生个体层面、教师层面、资源层面提出相应的策略。

一、学生方面

大学生在人工智能支持的英语学习中自主学习能力适应性相对较差，因此，在学习中应该着重提高学生的自主学习能力，以更好适应人工智能支持的英语学习。在人工智能支持的学习环境中，以"以学习者为中心"的教学理念，依托人工智能技术，使学生由原来的"知识接受者"转变为"知识的建构者"，真正实现从"受教育者"向"学习者"的转变，让学生有更多自由、自主的权力。

在学生获得更多自由、自主、个性化的同时，也要求学生的自主学习能力水平适应智能化的学习，这样才能获得有效发展。因而大学生的较好自主学习能力，是促进学生智能化学习发展以及实现大学生适应从"受教育者"向"学习者"的角色转换的关键，学生的自主学习能力适应是学生学习适应性的重要内容。

（一）强化自主学习意识

提高学生的自主学习能力，首先，要强化自主学习意识。相对 K12 学习阶段，大学阶段学生学习更加自主，教师不再对学生进行灌输式的教育以及对其学习的全过程的追踪，而是作为学习者的引路人，学生知识的获得需要自觉主动探索。

"以教师为中心"的传统课堂深入人心，学生自主开展学习以及主动解决问题的意识薄弱，而人工智能支持的学习环境以"学生为中心"的教学理念，知识的获得由学生主动构建，要求学生具备一定的自主学习的能力。因此，要适应新时代的学习形式，学生必须意识到自主学习的重要性，树立自主学习意识，从根本上克服对教师的依赖心理，并清楚意识到自主学习不是独自学习，而是独立思考，自主制定学习目标和选择学习方法。

结合自身学习的兴趣和需求，制定学习目标，在人工智能英语学习工具的帮助下，规划学习的路径，进行自我管理与监控，通过人机协同，逐渐强化个人的自主学习意识。

（二）明确学习目标

大学生在人工智能支持英语学习中，学习目标不够清晰。学习目标不清晰反映了对自身学习需求的不确定，没有对学习清晰的定位，进而不能选择合适的学习资源，以及恰当的学习方法策略，盲目学习。人工智能支持英语学习，使得英语学习资料丰富多元，若学生学习过程中没有明确的目的，就容易产生"信息迷航"。

因此，必须明确学习目标。学习目标是学生知道自己需要什么、要做什么以及达到什么目的，是学习者努力的方向。关于自己"需要什么"的确定，可以从对未来的职业规划或职业定位中寻找，查漏补缺。可以将远期的大目标按实现阶段划分，从近期的小目标开始行动，逐步推进，通过小目标的达成建立起学习信心，增强学习自我效能感，从而促进学习适应性的提升。

(三) 学生提升个人素养

智能社会的教育对学生的智能素养提出了挑战。根据学习适应性影响因素模型，智能素养是影响人工智能支持下大学生英语学习适应性的最主要的因素。坐拥优质学习资源并不代表就能开展有效的学习，需要学生具备自主选择资源、合理应用资源的能力，才能获得有效的学习。因此，学生智能素养的提升，不仅在一定程度上增强对人工智能英语学习工具的客观评价，而且能提升学生对人工智能英语学习资源平台的驾驭能力。

大学生人工智能素养的培养，离不开学校的直接教育。大学开设人工智能公共基础学科课程，引导学生了解人工智能相关知识和应用，激发学生对人工智能的好奇心和兴趣，使学生形成智能意识。并且，教师作为智能教育的实践者，也是学生智能素养的引导者。教师将"人工智能"融入英语课堂教学，驱动学生应用人工智能学习工具完成学习任务，通过实践促进学生智能应用水平提升，帮助学生树立正确的智能伦理道德观，从而提升学生的智能素养。

二、教师方面

不可否认的是，随着人工智能与教育的融合，人工智能的确在某种程度上已经逐渐实现了对教师工作的模拟、延伸甚至替代。但也必须清楚的一点是"人工智能不会取代教师，但是使用人工智能的教师会取代不会使用人工智能的教师"，人机协同才是未来教育发展的趋向。人工智能可以提高教师的教学效率，帮助教师进行个性化教学，教师只有主动适应，做好充分准备，才能应对人工智能的挑战，才能适应未来人机协同作业的教育形式。

教师要主动适应人工智能时代自身作为指导者、引路人角色的转变。教师主动适应人工智能时代的教学，首先树立"学习者为中心"的教育理念，以"学习者为中心"的教育理念为导向进行教学设计，创新教学模式。其次，主动接纳和进行客观评价，在学习中，学生具有向师性、模仿性，学生的学习行为、学习风格受教师的影响，因而要求教师要"为人师表，以身作则"。

教师首先适应人工智能的教学形式，对人工智能教学工具的接纳、熟练使用和好的评价，会影响学生对人工智能学习的主观评价，引起学生对人工智能学习工具的注意，激发起学习的动机，进而提升学习适应性。

教师要主动提升自身智能教育素养，教师的智能教育素养是指掌握基本的人工智能知识和原理，并能合理判断人工智能的教育价值，利用人工智能提升学科能力和教学能力，能协同人工智能开展教学。教师主动自觉参与教育培训，充分利用互联网平台观摩优秀教学案例，积极参与人工智能教学比赛，丰富自身的人工智能知识，创设"人工智能+"学科的教学模式，在实践中提升智能教育素养。

在人工智能支持英语学习中，尽管人工智能英语学习工具提供了丰富的学习资源以及个性化的学习支持服务，为学生自主学习创设了良好的学习条件，但学生有效学习的发生离不开教师的指导和帮助。教师要协调好英语课堂教学中与人工智能的关系，由人工智能支持学生英语学习中的纠正发音、口语测评、智能批阅作文等简单、重复、机械性的工作，教师结合人工智能对学生学习行为数据记录和生成数字画像，分析学生的学习情况，从而实现对学生学习的客观评价，以及根据学生需求有针对性地进行个性化教学干预，帮助学生更好适应人工智能支持的学习。

三、资源方面

学习是在一定的环境中发生的，学习资源作为学习的环境，对学生的学习适应性有着重要的直接影响作用。高质量的学习资源可以给学生带来更好的学习体验，增强学生对资源的感知有用性和感知易用性，即提高学生的接受度，从而取得较好学习效果。并且，优质的学习资源可以引起学生的注意，激发学习的动机，促进学习质量提升。

目前，已经有大量基于人工智能技术的英语学习资源，其功能、定位不一，呈现出资源泛滥、质量良莠不齐的现象，在一定程度上增加了学生选择适应自己学习需求的资源的难度。对学生而言，越是操作简单、便捷，学习内容越是适用，就越容易被接受。因而在学习资源平台的设计开发上应该将学生的感知作为重要的参考项目，学习资源内容要适应学生的认知发展，过于简单或难度较大的学习内容都不宜于学生的发展。总而言之，在资源平台的开发上要遵循"适度"原则。

第六节 人工智能教育改革

当前，正是人工智能与教育融合发展的重要时期，人工智能之于教育改革的重要性不言而喻。基于人工智能技术支持的英语学习是英语教育技术发展研究的前沿。长期以来国内外对人工智能支持英语学习的研究在"技术探究"上从未停止，并且近些年的研究逐渐关注到"教学实践"中，越来越关注人工智能在英语教育中的效能及师生的使用情况。

当前，人工智能支持大学生英语学习实践中取得重要成效，同时也发现一定程度的学习适应性不良的现象。大学生的学习适应性不仅与学习的质量有关，同时也在一定程度上影响了人工智能支持学习效能的发挥。目前，还没有发现专门针对人工智能支持下英语学习适应性的研究。基于此，本研究以"人工智能支持下大学生英语学习适应性影响因素"为题，旨在了解当前人工智能支持下大学生英语的学习适应性现状，探索影响大学生学习适应性的因素主要有哪些以及影响效应如何，以便提出恰当的策略以改善人工智能支持英语学习中大学生的学习适应性。为此，采用文献研究、问卷调查、统计分析等多种方法展开研究，主要取得以下几个方面的研究结论：

人工智能支持下大学生英语学习适应性主要由学习态度适应、自主学习能力适应、学习交互适应、学习环境适应性，以及身心健康适应五个方面组成。

文献研究发现国内外学者在对学习适应性的研究时主要采用心理学常用的量表测试的方法。对信息化学习环境中的学习适应性研究大都基于一般通用环境中的学习适应性，但根据研究对象、环境、场景的不同，在具体研究内容上存在差异。整体而言，学习适应性测量的维度可以归纳为学习态度、学习方法、学习环境、身心健康四个方面。基于此，结合建构主义学习理论，以及人工智能支持英语学习的交互性和自主性，确定了本研究中人工智能支持下大学生英语学习适应性的组成变量，包括学习态度适应、自主学习能力适应、学习交互适应、学习环境适应性，以及身心健康适应性五个方面。

人工智能支持学习是未来教育发展的必然趋势，学生的学习适应性是学生学业发展和人工智能效能发挥的关键。人工智能支持下大学生英语学习适应性研究是对人工智能支持教育教学中学生学习适应性问题的初探。研究仅在贵州高校内收集数据，研究结论是否能够适用于全体大学生还有待进一步验证。学习适应性受到多种因素的影响，本研究从学习态度、智能素养等五个方面探讨了对学习适应性的影响，还有其他维度没有涉及，在后续研究中将继续深入探究。

第五章 大学生英语学习适应性

第一节 学习适应性的概念

一、适应性

适应性,一般解释为适应能力。适应性是一种能力,是在个体主动与环境相互平衡的动态过程中形成的,既有心理上的适应,也有行为上的适应。

二、学习适应性

学习适应性也叫作学习适应能力,是学生心理素质的重要组成。学习适应性是个体克服困难取得较好学习效果的倾向,即学习适应能力。

第二节 大学生英语学习适应性的内涵

人工智能支持下大学生英语学习适应性由学习态度适应、自主学习能力适应、学习交互适应、身心健康适应、学习环境适应五个维度构成。下面解释每个维度:

一、学习态度适应

学习态度是学习活动中学习者对活动本身的看法和自身的言行表现。心理学中，学习态度是学习者在学习方面表现出的相对稳定的内在心理倾向，主要由情感、认知和行为倾向三种要素组成。学习态度作为学习的情感因素，是大学生在认知基础上对学习本身及学习情境产生的情感体验，在学习适应中起着重要作用。有研究发现，语言学习不成功的最大障碍是学习态度。周步成、冯廷勇、秦瑾若等人的研究中，从情感体验、认知和行为倾向观测学习者的学习态度。其中，情感体验是学习过程的心理倾向，表现为喜欢、厌恶、积极、消极等的反应倾向；认知是学生对学习重要性的认识；行为倾向指学生的情感、认知倾向的行为表现，如主动参与、努力克服困难等。

二、自主学习能力适应

自主学习能力是一种负责自己学习的能力，是多种能力的融合，集合了批判思维、决策能力、独立行动等能力。人工智能学习环境下，教育理念从"以教师为中心"转变成"以学生为中心"。相对传统教学，给予学生更多自主权，同时也要求学生具备更强的主动性，主动构建知识，获得有效学习。也就是在智能环境中对学生的自主学习能力提出要求，取得较好学习效果需要学生具备良好的自主学习能力。学生的自主学习能力包括能够制定个人学习目标计划，能够采取合适的学习方法策略，能够进行自我监督和总结评价。

三、学习交互适应

教育在本质上是一个对话的过程，因而交互在学习过程中具有重要作用，无论什么情境下的学习活动都离不开交互，交互是最佳实践教学的重要原则。人工智能支持的学习中，人工智能工具作为学习的资源、教师、学习同伴、学习管理者等多重角色，与人协作学习，并且在具体实践教学中存在"学生——智能机器"的学习形式，以及"学生——教师——智能机器"的学习形式，在学习中的交互，不仅包括师生交互、同伴（同学）交互，还包括与机器的交互，即人机交互。

四、学习环境适应

学习环境是学习发生的场所，是促进学习者主动建构知识意义和能力生成的外部条件。研究从人工智能支持的学习环境出发，将学习环境划分为学习材料和技术环境。学习材料指教材、学习资料、各种形式的课件等。技术环境指承载和传递信息资源的网络平台、应用软件等。学生对学习环境中资源的获取、应用和选择反映了学生的学习适应性情况。

五、身心健康适应

身心健康主要指身体健康与心理健康两方面，学生在学习过程中，身体健康是支持顺利完成学习的前提，心理健康是学习进程稳定进行的保障。研究中身体健康是指身体健康的程度，生理机能反应是否正常。心理健康是指学生在人工智能支持英语学习过程中的心理发展，情绪反应、心态变化等。

第三节 学习适应性的研究价值

学习适应性是衡量学生学习效果的重要指标之一，良好的学习适应性是保证学生学习质量的关键。学习适应不良不仅影响学生的学习效果，同时也影响人工智能赋能英语学习效用的发挥。虽有研究发现人工智能在支持英语教学实践中存在一定程度学习适应性不良的现象，但多数研究仅对现象进行叙述，没有进一步对产生学习适应性不良的原因进行深入探讨。

因此，研究欲通过人工智能支持下，大学生英语学习适应性的调查分析，了解当前人工智能支持下大学生英语学习适应性水平现状，理清各影响因素对学习适应性影响的效应，以及学习适应性与各因素的关系，提出提升学生学习适应性的策略。

相关研究是学习适应性在人工智能英语学习领域的新探索，同时也是信息化学习中学习适应性研究环境的扩展和研究成果的补充。对人工智能支持下大学生英语学习适应性组成结构的梳理，构建人工智能支持下大学生英语学习适应性影响因素模型，为有效促进学生的智能化学习适应性提升提供理论支持，具有一定的理论意义和实践价值。

第四节 学生英语学习适应性影响因素

关于影响学生学习适应性的因素，前文进行了归纳，影响学生学习适应性因素主要有内部因素：学习动机、信息素养、学习自我效能感；

外部因素：教师支持、资源平台。根据研究对象、学习环境、学习方式等的不同，影响学生学习适应性的因素存在一定差异。

五个因素在人工智能学习环境中对学生学习适应性相互影响，结合人工智能学习特点，对"信息素养"进一步分析。进入智能社会，同信息社会中应具备"信息素养"一样，也应具备相应的"智能素养"，才能更好应对智能社会的挑战和适应智能社会的发展。人工智能支持的学习是人机协同的学习，要求学生具备一定智能素养，才能更好适应未来智能社会的学习和挑战。关于人工智能支持下大学生英语学习适应性的探索，是迎合智能社会学习发展的议题，"智能素养"更加符合社会时代特点。

以下分析人工智能支持下大学生英语学习中学习动机、智能素养、学习自我效能感、教师支持、资源平台五个因素对学生学习适应性的影响。

一、学习动机

学习动机又常被称为"学习动力"，是推动学习活动向前发展的内部推力，是激发学习者学习行为发生并引导和维持学习行为的情感因素。从动机的组成上把学习动机解释为学习的原因和目的以及方向，是为达到目标所付出的努力程度。根据成就动机理论，学习动机可分为认知内驱力、自我提高内驱力、附属内驱力。其中，认知内驱力最为稳定、持久，以获得知识为目标，是学习的内部动机。自我提高内驱力属于职业发展、获得成就或地位等需要，是学习的外部动机。附属内驱力是以得到长者的称赞或认可而努力的需要，是学习的外部动机。

二、智能素养

在智能社会，个体的智能素养是适应智能社会发展和应对未来智能社会挑战的关键能力。本研究中，智能素养指的是学生智能素养。智能时代的学生核心素养由智能知识、智能能力、智能情意及智能伦理构成，智能知识是对人工智能的认识和定义；智能能力是学习中，对人工智能的应用；智能情意及智能伦理是遵守相关人工智能伦理道德。

三、学习自我效能感

学习自我效能感由班杜拉的自我效能感引申，是学习者主观上对自己能否完成学习任务的能力预测和价值判断。其中，能力感是学生主观上对自己的天资的认识，以及对学习结果的预期和对自己能否达成目标的认识，学习自我效能感强的人比较自信；努力感是对自己的努力程度的认识，学习自我效能感强的人能做到努力学习；环境感是对学习环境的把握；控制感是对学习活动和学习行为的控制感，学习自我效能感强的人能够控制好自己的学习行为。

四、教师支持

人工智能支持学习的具体实践教学中存在"学生——智能机器"的学习形式，以及"学生——教师——智能机器"的学习形式。其中，人工智能机器作为学习的资源、教师、学习同伴、学习管理者、学习助手等多重角色，学生可以直接在智能机器的帮助和指导下学习，由此引发了人们关于"人工智能是否会取代教师"的争论。有人认为，随着人工智能的发展，人工智能将会取代教师。

而有些人则认为，随着人工智能的发展，教育教学中的一些复杂的、重复性的工作会由人工智能去做，用人工智能弥补教师的短板，教师是与机器携手工作，而不是竞争。本文作者更倾向于第二种观点。并且，在实践教学中已有研究发现，智能协作系统中，教师对智能写作系统的认可，会激发学生持续使用的动力，并且，人工智能支持学习中仍然需要有教师指导，教师还是教学的主导。

五、资源平台

资源平台是指提供英语学习资料和学习环境人工智能的资源平台。主要有网络平台、应用软件、智能硬件等，是学生在学习过程中可以直接操作应用的对象。根据技术接受模型，在学习过程中学生对人工智能英语学习平台的感知易用性和感知有用性，影响学生的使用态度和行为，可以预测学生对学习平台的认可程度。研究将从资源平台的质量、学生对资源平台的感知有用性和感知易用性方面来观测。

第五节 信息化背景下大学生英语学习差异

人工智能支持下大学生英语学习适应性在个体变量上存在差异特征。分析发现，人工智能支持下大学生英语学习适应性整体水平在性别、年级、学科背景方面差异不显著，但是，英语专业和非英语专业的学生学习适应性存在显著差异。

一、性别方面

在性别上,女生人工智能支持英语学习的适应性水平高于男生,但不存在显著差异,这与其他信息化学习环境中的研究结论一致。男女生在"学习交互"上表现出了显著差异,女生的学习交互适应性明显比男生要好。国外许多关于性别与语言学习的差异的研究显示,女生通常比男生更具语言学习的优势,女生的思维通常倾向于模仿和形象思维,更加擅长语言学习,而男生更多的倾向独立思考和抽象思维,擅长逻辑推理。这可能是女生人工智能支持下,英语学习交互比男生好,学习适应性略高于男生的原因。

二、年级方面

在年级差异上,整体而言没有呈现差异性,但是大三学生的学习适应性最差,大四的最好,并且大三学生在"学习环境""学习交互"适应性都低于其他三个年级。随着年级增长,学生年龄增长心智更加成熟,更适应网络学习空间的学习,导致这种差异的原因可能与大学英语课程安排有关。

大学生英语通常是公共课程,安排在大一和大二两个学年,而大三、大四年级一般除英语专业学生外,其他专业学生几乎不再有英语课。因此,大三学生的英语学习刚脱离了英语教师的指导,学生在自主利用人工智能英语学习工具学习时,可能比较难以适应,需要有一个适应的过程。继而进入大四年级后已经逐渐适应了这种自主学习的方式,因而学习适应性又表现为较好。其次,也可能与本研究收集的数据样本分布有关，收集到的数据中，大四学生的样本数明显低于其他年级的，因而可能影响了研究结果的准确性。

三、学科方面

在学科差异上，不同学科的学生在人工智能支持下英语学习适应性不存在显著差异，研究结果与刘淑君等人的调查结果基本一致。说明无论是其他信息化学习环境还是在人工智能支持的学习环境中，学科对大学生学习适应性的影响较小。

英语专业与非英语专业学生在人工智能支持下，英语学习适应性存在显著差异，英语专业学生的学习适应性显著高于非英语专业的，并且英语专业学生在"学习态度""学习交互""学习环境"适应性明显好于非英语专业学生。说明英语专业学生更加适应人工智能支持的英语学习方式，并且，对人工智能英语学习工具持有比较乐观的态度，人工智能英语学习工具能够在一定程度上满足英语专业学生的学习需求。

产生这种现象的原因可能是相较非英语专业学生，英语专业的学生可能更早接触到人工智能英语学习工具，并且，英语专业学生的英语学习需求更大，英语学习的目的性更强，目标也更明确，因而在学习内容、学习工具选择和使用上有比较清晰的思路，因而学习适应性更好。

第六章　大学英语教学改革创新

我国早在2012年就对国家教育行业与信息技术的融合提出了相关的要求，并且在一定程度上规划出中国未来十年教育信息化的发展目标。由此可见，信息技术在教育体系改革中占有重要的引导作用和基础作用。

在大学阶段，英语作为公共学习科目之一，不仅要关注学生英语基础知识的学习，同时也要培养学生跨文化交际意识。学校也应当关注英语课程的时代性和综合性，从教学理念、教学方法、教学模式中加以改革，有效借助信息技术，为学生构建高效的英语课堂。本章详细阐述在信息化背景下，大学英语教学改革创新的具体路径。

在大学英语教学中，借助信息化技术能够从不同程度提高课堂有效性，同时也能促进各类先进教育理念的深度落实。但现阶段，在大学英语教学中受到教师教学水平、教学设备资源以及学生配合等各种因素的影响，信息化技术在具体使用中仍然有一些问题需要解决。相关人员也应当从课堂设置、评价机制、教学目标制定等多角度入手，制定科学合理的英语教育体系。

第一节　大学英语教学改革的意义

一、提高英语课堂教学效果

随着信息技术和网络通信的不断推广，现阶段各个行业都在使用多媒体技术。在大学英语教学中，借助信息化技术教师可以为学生呈现各种各样的英语知识，使学生掌握知识面更为全面。

相对于传统的灌输式讲解方法，信息化背景下的大学英语教学中，教师可借助各类先进的教学软件、教学视频以及资料图片，甚至是3D模拟实景等，既能满足学生的好奇心，又能提高学生的积极性。并且，在信息技术的推动下，师生之间关系更加和谐，课堂学习氛围也会积极活跃。

二、培养创新思维

培养具有信息素养的21世纪人才，已经成为大学教育的核心目标之一。在课堂上，教师借助信息技术为学生搭建各种优秀的学习平台，使学生有充足的思考空间，每个学生都能取人之长，补己之短，再经过大胆猜想，合理推测以及真实演练，进行知识的巩固和理解，并在此基础之上培养自身创新能力。教师还可以利用信息化平台及时了解学生的学习过程和学习结果，便于教师有针对性地调整教学进度和教学内容，进一步设计符合学生创新能力的课堂。

三、提高学生学习积极性

作为英语教师,在课堂授课过程中,若能有效利用每一分钟,使学生感受到节奏明快,逻辑清晰,就能引发学生的情感共鸣。教师还可以通过使用信息技术为学生构建知识和情境之间的联系,引发学生的思考,并邀请学生表达自己的看法和感受,学生之间借助互相交流合作,碰撞出各种新式思维,不仅能够有效带动整个班级学习的热情,同时也能让学生感受到学习自信心和成就感,在后期的继续学习中学生也能保持高涨的热情。

第二节 改革存在的问题

一、教学设备有待完善

大学英语课堂上,要想真正发挥信息化技术的优势,首先教师应当借助先进的信息化教学设备。但现阶段很多高校在设备引进上仍然存在短缺问题。例如,教学硬件设备中仍然存在"一块黑板,一张嘴"的教学模式,信息技术也仅限于电脑和投影仪,教师无法为学生提供形式多样的教学资源,课堂教学效果也会受到限制。从软件设施来看,一些高校的英语教材并没有及时更新,教材内容与社会发展需求以及学生的学习需求有较大差异,再加上课时安排不合理,很多学生对英语学习兴趣不高,认为收获不多,课堂教学也没有针对性。

另外,信息技术的使用有一定的滞后性,关于如何将信息技术应用在日常教学中并没有经验或教材可参考，这就使一些高校没有重视信息化技术的优势，在构建教学平台、分享教学资源等方面还有较大的提升空间。

二、形式空泛

随着国家对教育体制改革的重视程度越来越高，一些高校英语教师也能充分意识做好教学改革的重要性。但在具体实践过程中，也会受到模式转换、文化培育、经验积累等方面的影响，无法在短时间内形成成熟的课堂教学体系。

一些院校从发起课堂改革到最终成功，最长不超过五年，但其中有很多泡沫成分，表面上给人非常繁华的改革景象，但实际上千篇一律，毫无实质内容。另外，还有一些高校在改革背景下，为了追逐一时的功利，在英语课堂改革中，通过采用包装等形式获得外表的光鲜亮丽，但从高校长远角度发展来讲，并不能提供长久助益。

三、教师需要学习信息技术

高校英语教师从结构上讲，有着丰富的工作经验，这一特点既能推动学生的英语学习，但在某种程度上也会阻碍学生的英语认知水平提升。由于教师年龄较大，习惯传统的教学模式，对信息技术不了解，更无法熟练操作信息技术的各种功能。

一些教师虽然在课堂上尝试着使用信息技术，但由于操作不熟练而浪费了很多时间，并且有些教师也没有树立终身学习意识，很少有教师主动学习信息技术的相关资料，并有针对性地制定教学方法，再加上教师无法用信息技术实现和学生的互动,评价方式仍然单一,难以提高学生课堂英语学习兴趣。推动信息化英语教学改革无疑又会面临更大的挑战。

四、教学改革形式主义

三维教学目标的提出,使英语学科的教学改革也有着明确的方向。例如,知识与技能目标,过程与方法目标,情感态度与价值观目标,但是每一个目标又包含多方面的内容,并没有明确规定出具体内容。

在模糊的目标要求下,一些教师只关注是否达到这些目标,但没有关注目标对学生的引导作用,这就使得课堂上教师的教学毫无头绪,学生的学习效果也无章可循。例如,教师只关注学生对教材内容的了解和教学大纲的设定,但是教材知识与学生的实际生活联系点并没有有效挖掘,更没有立足学生的学习和成长需求,为学生展示符合学生学习最近发展区内要求的相关资源,这样的课堂改革效果也会大打折扣。

一些英语教师在改革过程中,为了应付学校以及教育部的检查,变化多种层面,最终导致教学设计衔接不畅,精力被严重分散,如此一来,更会影响课堂教学效果。

第三节 大学英语教学改革的路径

一、完善设备提升教学效果

针对英语教学改革中信息技术设备不完善的问题,大学英语相关管理人员应当从以下角度入手。

一是英语教学硬件设备的引进，首先要购买先进的计算机、投影仪、电子白板等多媒体教学设备，并构建完善的信息化教学平台。学校也应当构建专业的信息设备检测与维修小组，定期对所有教学设备和平台进行维护和更新，通过改善英语教学环境，促进课堂教学效果，满足社会时代发展的要求。

二是英语教学软件设置方面。

首先，高校应当充分发挥本校科研技术力量，研发一套适合本院校发展的英语教学软件，并在该软件中为学生的学习和教师的教学提供整套学习资料。

其次，学校还要和校外企业构建合力，共同研发能够促进学生顺利就业的校企合作软件。

再次，关于教学资源的引入方面，学校也应当及时更新教材，根据每个年级学生的具体学习需求以及就业要求，添加相应的教材，促进学生知识水平和能力兴趣提升，进而提高课堂教学效率，使学生掌握就业所需的各项技能。

三是学校应当通过构建多功能的信息教学网络平台，推动师生之间的互动关系。例如，可以构建校内外联合网络资源平台、教师在线教学平台、师生课下互动平台以及学生在线测试和在线实训平台等，通过多种平台为学生构建良好的学习氛围，让信息化大学英语成为常态化英语教学模式。

二、改善课堂效果

大学英语在教学改革中要想持续进步并取得成功，能够依赖的方法只有稳步前进，尤其是现阶段信息化背景下，各级各类院校的课堂教学改革已是大势所趋。在利益面前，学校管理者仍然要稳扎稳打，从多个角度入手。例如，政策、管理、教学等构建合力，让全体教育工作者摆正心态，明确目标，通过采取切实有效措施，为课程改革构建良好的环境和氛围。

一是政策颁发的角度。学校教育行政部门应当出台有针对性、连续性以及引导性的相关政策，避免出现强制性政策，才能真正发挥政策的引导作用，让课堂改革在轻松有效的氛围下顺势而为。当然，学校在制定各种政策期间，一定要选择优秀的课程改革专家或有多年工作经验的教师，才能为课程改革提供优质的建议和保障。

二是学校管理。管理者首先要建立先进的管理理念，从行政管理转化为理念管理，提高全体师生的思想政治认同感，才能真正推动课程改革不断前进。学校在课程改革过程中也应当有效借助各种理念，提高教师和学生的重视程度，通过明确教学方向和教学目标，从广度和深度共同开展教学改革。

三是学校教学。作为大学英语教师，首先要了解学生学情，立足学生的发展方向和就业方向，切实为学生讲解符合学生最近发展区内要求的英语知识，避免课堂教学形式化，脱离生活，脱离实际。教师要始终坚持理论和实践互相结合的原则，摆正自身的教育角色，使学生在教师的引导下逐渐成为具有综合能力的人才。

三、开展培训活动，提高教师信息技术

作为信息化社会的一员，大学英语教师首先要熟悉信息技术，并熟练掌握各种操作技能。学校也应当定期组织教师开展各类计算机信息技术的培训和学习活动，通过构建评价标准等形式，激发教师学习信息技术的主观能动性。

针对一些常用的教学软件和工具，也应当通过考核的形式，加深教师的理解和应用。

其次，学校还应当关注教师日常教学中使用软件工具备课或选材的能力提升，必要的时候通过培训的形式指导教师高效备课。

再次，大学英语教师还应当提升将信息技术与英语教学互相结合的能力，这样才能在课堂上构建环节紧凑的课堂教学活动，学校可通过邀请校外英语教学专家、高等教育教学专家等来校座谈或讲座活动，对全校教师的信息技术使用理论与实践的培训，并展开面对面指导，推动教师创新使用信息技术的能力。

最后，在计算机应用能力提升中，学校管理者也应当关注教师的培训成果，虽然参加了培训，但有些教师难以有效借助培训知识提高自身专业水平。

针对这样的现象，可以通过开展教研、交流等形式，促进优秀的教育资源共享，全面提升所有教师的信息技术操作水平。在评课和听课环节，学校也可将教师使用信息技术的效果与薪资和职称评定挂钩，更能提高教师的主动学习意识。

四、明确教学改革目标

在大学英语教学改革过程中,英语教师首先应当明确课程改革的最终目的是摒弃教学中不合理的部分,增加科学合理的内容。因此,要想做好课程改革,首先就应当明确课程目标和方向,找出具体教学过程中存在的各类问题,并将问题进行汇总和深度分析,立足问题的解决基础,制定一系列课程改革措施。信息化背景下,大学英语教学改革应当发挥信息技术的优势,而不是为了追求时髦使用信息技术手段。

教师要始终坚持课堂教学改革目标,促进学生全面发展。因此,要从大学英语教材内容、课时设置、教材结构等多角度调研,并通过深度研究制定相应的措施。除此之外,英语教师还应当发挥学科育人作用,培养学生正确的价值观,提高学生发现问题并独立解决问题的能力。教师还应当尊重学生之间的差异化,选择学生能够接受的感兴趣的教学方法,开展英语知识讲解,才能符合学生认知特点,提高学生学习积极性,使学生真正成为课程改革的受益者。

五、丰富教育资源

虽然教师是学生学习的主要引导者和促进者,更是教学活动的主要设计者,但教师的知识储备并不能真正满足所有学生的学习需求。为了有效解决学生在英语学习过程中的各类问题,教师就应当充分借助信息技术,为学生展现各类优秀的课内资源和课外学习资源。

在课堂上将教学活动设计得更加紧凑,使学生持续保持最佳的学习状态。教师还应当开展分层次教学方法,一是尊重学生的差异性,二是保护学生自尊心，使每个学生都能在教师的关注和鼓励下共同提升。教师在寻找教育资源时，也应当根据不同层次学生的性格特点、知识储备等，采用问题情境法、角色扮演法、小组合作法等，使学生借助不同的方法学习英语知识。

教师还可以鼓励学生利用网络资源进行碎片化学习，通过构建微信群、QQ 群等形式，定期向学生分享各类优秀的学习资源，这样学生可以打破时间和地点的限制，随时随地对知识进行学习或复习。例如，课前预习环节，教师可以借助网络平台为学生布置预习任务，学生自主学习之后，可以总结问题和想法，在课堂上教师就可以和学生有针对性地进行交流，及时了解学生的预习状况，教师还可以在阶段性课程总结中为学生添加在线测试，通过对学生的测试结果分析了解每个学生的学习状况，再根据测试结果为学生制定有针对性的指导计划。

再比如，培养学生口语和听力能力时，教师可以让学生之间借助互联网进行实时对话，可以是生生之间，也可以是师生之间，这样能够提高学生的英语学习兴趣，锻炼学生良好的听说能力。

综上所述，每一所大学开设的英语课程既具有公共基础课程特点，又具有大学自身发展特点，在信息化技术的不断推广和应用背景下，大学英语课堂教学改革成为大势所趋，学校管理者以及教学工作者应当立足学校长远发展，找出课改过程中所面临的问题和挑战，通过调动各方面力量，切实采取有效措施，促进教师教学水平提升，学生学习效果提升，这样才能使大学英语教学长期健康可持续发展。

第七章　大学英语个性化教学研究

第一节　大学英语个性化教学缘由

大学英语是高校的一门公共必修课，它以英语作为媒介和教学语言推广通识教育。作为本科阶段的大学外语教育最重要的内容，大学英语有着不同于其他课程的特性。教学目标设定、内容安排、教学活动以及考核体系只有在充分体现其特性要求的情况下，才能真正实现本学科教学应有的终极目的。

随着信息时代的到来，全球经济一体化，国际交流在各行业、各领域不断加深。国家对专业人才的外语，特别是作为国际通用语言的英语能力的要求越来越普遍，对更深层次英语能力的要求也更加突出。在国际交往中，关键人员的英语跨文化交际能力直接影响着各领域的国际交往、科技交流的进程和文化冲突的顺利过渡，乃至决定项目合作最终能否成功。英语的有效运用能力和跨文化交际能力十分重要。反观我国大学英语教学的现状，存在的主要问题：

第一，教学目标停留在打好语言基础上，仍然是局限于提升学生一般语言能力层面上，即学生还是在为了学英语而学英语，并没有在新形势下根据社会需求和学生的个体差异适时提出使用英语的具体目标和措施。

第二，大学英语教学偏离了跨文化交际的特性。

第三，缺乏为其他学科提供工具性的支持。将来的英语学习不再是单纯的英语学习，而应当与某一个方面的专业知识或某个学科结合起来。外语学习内容应与其他实用学科相联系，不仅可以保证教学内容与现实及学生自身经验的衔接，而且还可为外语教学提供交际性途径。

第四，缺乏基于学习者个体差异进行教学。学习者个体差异中的学习者观念、学习者情感因素、语言学习能力、学习动机和性格特征是影响学习者习得语言的重要因素。

英语的有效运用能力和跨文化交际能力十分重要。毋庸置疑，现实对大学英语教学提出了更高要求，国家教育行政主管部门也认识到了这一日益严峻的问题，逐步进行了教学改革尝试，努力使大学英语教学尽可能地满足时代的需求。而改革所取得的成效"国际化"应该是今后我国高等教育发展的一个重要方向，也为跨文化交际提出了更高的要求和新的内涵。

教学的国际化实质上是跨文化的学习交流、融合和竞争。跨文化交际能力无法仅仅通过教授"跨文化交际"课程，或在语言技能课上导入文化知识这种方式得以培养。为了更好地参与国际人才竞争，大学生应该具备良好的跨文化交际能力，如能自主阅读英文专业书籍、用英语进行口头交流和书面语教育、具备用英语撰写论文的能力等，这一切都需要通过大学英语这门学科走向个性化来实现。

第二节 个性化教学的可行性

在互联网、云计算、人工智能等新技术支撑和全球化的国家战略的大环境下，对人才的要求满足社会分工专业分类更加细致的条件，为每个学生未来发展提供更加广阔的空间。英语作为全球通用性较强的语种在全球化交流中使用广泛，学生的英语能力对学生未来发展的重要性非常突出。培养较好的外语交流能力、广博的知识涉猎，能够跨文化的沟通，自觉的知识创新意识，科学理性的批判性思维，良好的人文修养是外语教学的着力点。学生智能分布差异性较大，他们的个性不同、兴趣不同、能力也不同，专业应用方向不同，进行个性化的教学是外语，尤其是英语教学过程中必须采用的手段。

一、信息化背景性英语个性化教学必要性

在"大众创业，万众创新"的社会就业和创业模式中，人才培养模式转向宽口径、应用性、复合型人才的培养。具有一定的专业技能能够适应全球化的发展的要求，在自己所从事的行业和领域内，熟悉行业全球资讯、能够和全球从事本行业的人员无缝的沟通，并通晓相关的国际规则，这是新时期的社会发展对人才的能力要求。

教师在组织和开展个性化教学中依据学生的未来发展方向和学校的办学特色进行学校的个性化教材和课程体系建设，建立个性化的教材和课程，以学习者为中心，学生为主导，教师为主体提高能力和水平的目标进行个性化教材体系开发。传统的教材体系与教学模式下学生难以感

受到学习的乐趣，无法谈到学习的个性化，创造性也会被扼杀。

建立个性化的教材及教学体系形成专业发展方向与人文素质提高、语言能力提高相结合，教材的模式充分利用多媒体技术、网络技术、人工智能的手段，将教学内容与个性化教学手段结合，与教材建设结合，形成能够满足个性化教学需要的教材体系。

当前网络信息教育时代已经到来，教育方式越来越多元化，各种教育活动借助于网络技术可以传播到更远的地方，学生可以在合适的时间去学习，不必非要赶到特定的地点学习，总之学生可以根据自己的具体需求自由选择学习时间、学习地点以及学习内容等。

传统的教学方式越来越不适应教学的需要，师生互动教学模式受到人们的欢迎，从前的单向信息交流转变为双向或多向信息交流，而且由于信息技术不断提高，人们之间的交流障碍越来越少，人们可以借助于网络技术获取各种语言的信息资料，也可以利用多种语言来交流。老师已经不再是学生外语学习的绝对来源，教师职业的角色转变将专业研究方向与教学方法有机结合，外语教学理论在不同的课程中将得到充分的体现，多种教学教学方法实现个性化教学的同时，对教师的综合能力提出了很高的要求。

基于语言教学理论的教学方式如：浸入式、直接法、听说法、情景法、交际法、全身反应法、整体语言法、以任务为中心的方式等。每一种教学法都为个性化教学服务，都有其不同的重点和着眼点，但共同特点是，在教学过程中，要以学生为中心，以学生的生活经验或生活实际为出发点，引导学生从语言知识、技能的学习过渡到语言的实际使用。针对不同的学生特性开设的课程体系为老师提供了更加广阔的发展空间。

英语个性化教学，能够针对学生的个性化差异采用差异化教学策略，有助于学生更好地发展。随着网络时代的到来，很多学生利用计算机和网络来获取知识，教学工作由之前的灌输式教学转变为自主性教学。教师不仅要帮助学生收集、整理、选择、处理信息，还要指导学生解决学习过程中遇到的各种问题，培养学生各方面的能力，尤其是增强他们的实际应用能力和创新能力。

第三节 个性化教学的需求原因

一、社会对人才的特殊需求

从世界范围来看，外语教育是国民通识教育的重要组成部分，关系到整个社会的文明水平和文化素养。但是基于"公平""正义""效率"和"可选择性"四个教育价值取向，在外语教学中存在"重语言，轻文化""重工具，轻人文""重西方，轻本土"的弊病。

一方面，创新人才培养模式，为国家发展培养更多的国际型外语人才，要在外语教学中开展跨文化教学和跨学科教学，培养学生的人文意识，最终使学生成为在人才竞争中游刃有余的国际型人才；另一方面，随着当今全球化的发展，外语教学已经引起世界各国的广泛关注和重视，一个国家外语教育政策的正确采取，关系到一个国家的政局稳定、民族团结和国际地位。大多数国家都把未来外语教育的发展与国家的未来建设结合在一起。

随着经济全球化，特别是 2001 年中国加入 WTO 以后中国的开放程度和国际化程度日益提高。在多年的国际化经济发展中,我们随时面临国际化竞争和产品走向国际化的要求,现在中国进入世界500强的企业的数量在逐年提高,中国企业在全球设立分支机构的数量得到了飞速的发展,企业在人员招聘时对外语的要求已经不仅仅是公共语言水平能力的要求,对公共英语水平要达到四级或六级而且对所从事工作领域类的专业外语能力也有明确要求,能够阅读理解变为无障碍沟通。随着我国的进出口在国民经济发展中的比例的提升对人才的外语能力也有了更高的要求。

尽管我国各方面变化很大,发展速度很是惊人,但是不可否认的是,我们在多个技术领域仍较落后,与西方发达国家之间存在较大差距。国家的发展、进步离不开先进的技术支持,单凭我们自己的力量很难在技术领域实现赶超发达国家的目标。因此,我们要学习发达国家的科学技术,这就需要我们掌握英语这一门世界性语言。

以计算机程序开发为例,尽管计算机操作系统出现了中文版,但英语是程序开发过程中的通用语言,而且很多高新技术资料都是用英语写成的。比如尽管印度在很多方面落后于中国,可是印度的软件开发行业却走在中国的前面,之所以出现这一现象,主要原因在于印度的软件研发人员具有相对较高的英语水平。

我们一方面要学习其他国家的技术和经验;另一方面也要注重与其他国家开展经济合作以及技术合作。假如工作人员不具备运用英语的能力,很难与对方合作交流,更不要说双方开展合作了。某公司推出一款达到世界先进水平的产品,只要能被国际市场认可,公司发展就会指日可待了,可是公司营销人员如果不具备运用英语的能力,难以与客户有效沟通,产品性能、质量可能得不到展现,公司未来发展就会受到影响。

二、教材方面的需求

良好的外语教学必须以先进的教学理念为指导,通过丰富的课程教材体系与多样的课程学习建设,实现自主式、个性化、立体化和多媒体化的英语教学与学习。大学英语课程体系包括三个部分,分别为通用英语课程、专门用途英语课程以及跨文化交际课程,三位一体,这符合大学英语课程为培养应用型人才服务的定位,有利于应用型本科院校顺利实现大学英语课程目标,不仅如此,大学英语课程要充分发挥自身服务性作用,以便为国家的发展培养更多应用型人才。

面对国际竞争和国际合作的不断增强,大学阶段的外语教育,尤其是通识教育应该被国际所认可,这样才能更好地服务于多元文化视野下的人才培养,为我国与其他国家之间的文化交流以及经济合作提供更多所需要的人才。

教育方式表现出明显的自由化特征,并且越来越多元化,各种教育活动借助于网络技术可以传播到更远的地方,学生在合适的时间去学习,不必非要赶到特定的地点学习,总之,学生根据自己的具体需求自由选择学习时间、学习地点以及学习内容等。传统的教学方式越来越不适应教学的需要,师生互动教学模式受到人们的欢迎,从前的单向信息交流转变为双向或多向信息交流,而且由于信息技术不断提高,人们之间的交流障碍越来越少,人们可以借助于网络技术获取各种语言的信息资料,也实现了多种语言自由交流的目标,总之,信息社会的到来大大拓展了教育范围以及教育空间。

英语个性化教学指的是针对学生的个性化差异采用差异化教学策略，有助于学生更好地发展。随着网络时代的到来，很多学生利用计算机和网络来获取知识，教学工作由之前的灌输式教学转变为自主性教学；教师不仅要帮助学生收集、整理、选择、处理信息，还要指导学生解决学习过程中遇到的各种问题，培养学生良好的创新能力。

三、教师专业发展需求

今天我国的外语教育，不仅仅是大众教育，而且是全民、全人教育。研究、学习"先进文化"，是一种研究性的、创造性的学术工作，需要研究者具有非常优秀的个人条件，并且需要为他们提供好的研究环境，所以真正的学术是非常精英化的。精英化包括德和才的精英化。德的精英化是需要学生明白，他们担当着民族复兴的伟大使命，而且他们应该比一般的大众担当更多的责任。这些精英在自己熟悉的专业领域，通过外语进行沟通。只有做到外语水平的精英化和专业水平的精英化，才可能通过学习外语研究"先进文化"。只有兼具德才，学生才能成为促进民族复兴的精英人才。

随着我国高等教育开始贯彻与落实新的教学理念，以及新的课程体系、教学模式的构建，我国教师必须大力培养自己的综合能力，提高业务素养。网络与课程相结合的教学模式，减少了大量的机械性和重复性劳动。看着资源丰富、深受学生欢迎的一个个网络课程，教师们充满了成就感。教师从繁重的课程讲授的压力中解脱出来，将更多的精力投入师生互动、师资培训、课程建设和教学研究当中。

利用目前我国外语教学软件开发的最新成果，把大学英语各种课型优秀的立体化教材和相关系列网络教学资源进行层优组合,并根据英语听、说、读、写、译各课型的不同特点,采取不同的教学模式,强化网络环境下英语综合技能训练,尤其是自主听说训练模式以及小班深层次主题讨论和陈述训练模式来实施大学英语课程教学,以培养学生英语听说能力和综合应用能力,符合大学英语教学改革的要求。

而个性化教学模式也需要教师不断提高自身各方面的素养,具体包括如下几点:

一是教师要具备扎实的外语专业知识和较高的理论素养,了解语言学、外语教育心理学、现代外语学习理论,同时还要懂得二语习得理论、课程理论以及专业学科知识;

二是教师要具备良好的教学能力,换句话说,教师的语言表达能力要突出;

三是教师要具备表演能力,能够将枯燥的教学内容以生动、形象的形式呈现在学生面前;

四是教师要具备课程教学设计能力和组织能力,这样才能扮演好课堂教学组织者的角色;

五是教师要灵活使用现代教育技术,能在教学过程中采用现代教育手段。

另外,外语教师还必须具备良好的科研能力,主要表现在:

一是以先进的教学观念武装自己的大脑,不断改进教学方法;

二是熟悉和掌握外语教学标准,具备良好的分析教材的能力;

三是能灵活采用多种教学评价方式,能够对学生做出客观、公正、全面的评价;

四是具备深入挖掘课程资源的能力，学生不但是教育的对象，同时也是不可或缺的教育资源，教师不仅要根据学生的个体差异开发教学资源，同时也要有能力来整合教学资源；

五是要培养教师的反思意识，使其形成良好的反思能力，才能实现教师的专业化成长目标。

四、学生需求

当今社会是信息时代，信息技术渗透到现代人生活的方方面面，改变了人们传统的生活方式。现在的学生在任何地方都方便地使用网络技术与外界联系，获取知识信息。

学生的生活基本离不开对信息技术的依赖，越来越多的人通过网络学习。学校不仅要鼓励学生利用网络交流，还要指导学生健康地使用网络生活和学习。在这种情况下，迫切要求学校把传统的课堂教学与网络教学相结合，进行个性化教学模式的尝试。

第八章　信息化背景下英语个性化教学

第一节　个性化教学必要性

很多中国学生从小学便开始接受英语教育，那么小学要学 4~6 年英语，初中和高中一共学习 6 年英语，当学生大学毕业时，通常要学 12 年至 14 年的英语。如果完全按照正常的教学计划来学习，大学本科毕业生学习英语的时间要超过 2000 课时，况且很多学校为了取得好成绩，都适当增加了课时数量，英语的学习总时长比其他任何一门课程的学习时间都要长，英语也因此成为大学生在接受学校正规教育过程中花费时间最长的一门课程。

尽管我国一直比较重视英语教学，可是通过调查分析发现，大部分人虽然学习英语的时间达到十几年，可是实际的应用能力却不高。很多人听力水平不高，既听不懂别人说什么，也不能用英语自由表达自己的观点，更不要说用英语写论文和求职简历了。事实上，大学毕业生进入社会后还要到教育机构去补习英语的情况并不少。

大学生的英语水平差异很大，老师制定适应全部学生的英语教学目标很难。我们需要对那些英语程度很低或很高的学生进行个性化英语教学。大学生兴趣差异比较大，有些学生不愿意学习英语，无论教师采用怎样的教学方式，这些学生总是不愿意学习。当学生在英语课上想学具体的学习材料时，没能发现他们想学的单一主题或技能。不管使用什么英语课本，如果是教师选择的，学生会感到自己没有自主感，这样就会减弱他们学习的动机。

高等外语教学的发展方向是回归大学人文教育之道，因为语言文字不仅是表达和交际的工具，其精髓是语言文学所承载的历史与文化。正确处理语言专业教学与非语言类专业教学之间的关系是当下高等外语教育改革的必由之路。对语言技能的学习和掌握、运用是外语学习的基本要求，但外语类院校不是职业技术培训机构，不是高等语言培训学校，对语言技能的教学只是最起码的要求。

除了语言技能，还要拥有较好的外语语言、文学知识，广博的知识涉猎，跨文化的沟通能力，自觉的创新意识，理性的批判性思维，良好的人文修养。高等外语教育承担着为国家"走出去"战略培养人才的重任，应该进一步树立科学的办学观和外语人才观，积极思考如何培养符合时代需求的高端外语人才。随着社会信息化的不断加强，国际间的交流与合作日益加深，复合型外语人才成为人力资源不可缺少的组成部分，"专业知识+外语能力"的复合型人才更符合时代的发展。

第二节 个性化教学价值

一、先进的教育理念

由于网络技术以及现代信息技术的不断发展，传统的教学模式越来越不适应社会发展的需要，英语课堂出现了很多新的教学模式，如协作学习模式、自主学习模式、数字化和网络化学习模式等，英语学习的效果得到明显改善。大学英语教学开始注重培养学生的综合应用能力，尤其是着重培养学生的听说能力，相信在不久的将来，一定会为我国经济发展以及开展国际交流的需要培养大批具有创新能力、自主学习能力的高素质的英语人才。

教育方式越来越多元，各种教育活动通过网络技术可以传播到更远的地方，学生可以根据自己的具体需求自由选择学习时间、学习地点以及学习内容等。传统的教学方式越来越不适应教学的需要，师生互动教学模式受到人们的欢迎，单向信息交流转变为双向或多向信息交流。人们可以借助于网络技术获取各种语言的信息资料，也实现了多种语言自由交流的目标，总之，信息社会的到来大大拓展了教育范围以及教育空间。

随着网络时代的到来，很多学生利用计算机和网络来获取知识，教学工作由灌输式教学转变为自主性教学，英语个性化教学有助于学生更好地发展。教师不仅要帮助学生收集、整理、选择、处理信息，还要指导学生解决学习过程中遇到的各种问题，培养学生良好的创新能力。

二、部分地方的成功经验

现在很多高校开始进行大学英语教学改革，充分利用信息技术，建设信息化校园，创建多元的教学环境。教师们也相应推动课程指南的改革，充分利用信息技术以及网络的优质教育资源建设微课、慕课，改造、拓展和升级教学内容，使教学内容更加吸引学生，更加符合学生对信息资源的接收方式。这将有利于学生更好地自主学习,向"学习的主人"转变,也使得教师与学生的地位实现真正的平等,从而更好地沟通、互动,真正了解学生的个性差异,因材施教,使学生在保持自己个性的同时提高自身的英语水平与英语基本技能。

信息化时代,资源是王道。教学质量的差异,教育不公平在很大程度上是因为教育资源差异造成的。实现教育资源共享,是改善教育不公平的有效方式之一。

通过利用网络,实现教育信息化和教育资源共享,促进教育公平,这是教育改革指南的目的之一。网络教育资源也是学生自主学习途径的延伸,是学生自主学习空间的扩张。通过获取网络上的教育精华资源,以及各名校讲师教授的慕课,以及开发的网络课程的出现使学生的个性化学习、自主性学习以及交互性学习成为可能。

近年来大部分大学的硬件环境得到明显改善,已经建成了各自的网络自主学习中心以及语言实验室等,学校的计算机设备、网络设备应用于英语教学,这极大地促进了大学英语教学的开展。这为个性化教学提供了必要的物质基础,使得个性化教学改革和信息化教育改革有了物质保障。

大学英语教学软件环境由网络教学平台以及各种网络课程教学软件组成,建立在计算机网络技术基础之上,它是课堂教学的进一步延伸。

三、学生自我发展的愿望

在信息化、互联网时代成长的新一代大学生,他们是在信息冲击下成长的,对信息的收集能力以及敏感度要强于以往的大学生。这一时代的大学生，身上最显著的特征就是他们独具特色的个性，个性使他们每一个个体的辨识度都极高。面对个性彰显的学生，个性化的教学方法势在必行，因材施教才是保护他们个性，保证教育个体多元化的有效途径。

此外，在我国，大学之前的教育水平目前还参差不齐，发展不均衡，因此大学生的英语基础差异很大，存在严重的两极分化现象，导致开展大学英语个性化教学的难度很大。

根据我国目前教育发展实际，中学英语与大学英语教学严重脱节，学生从中学升入大学学习模式发生重大转变，每一次转变都会出现重复学习一部分英语知识的问题，这种情况加大了学生对英语学习的厌倦心理，学生参与英语学习的积极性逐渐减弱，造成资源浪费。进行个性化教学在一定程度上可提高学生的学习兴趣，从而激发学生学习英语的内在动力，由内因驱动提高学习效率。

四、其他教学条件的保障

除了教师、学生等教学活动的主要参与者之外，个性化教学对其他的条件也提出了一定的要求，而且这些要求正在被逐渐满足，比如广东外语外贸大学作为个性化教学的先驱，在个性化教学上做了仔细研究，正在逐步完善个性化教学体制。以下将具体说明开展个性化教学，除了教师素质，学生愿景之外，其他的重要条件。

个性化教案是教师在遵循教案的共性基础上，制定出的突出个性的教案，这要求教师必须从多个角度全面分析教学内容进行，根据教学要求设计适合不同层次学生学习的教案。即使教学内容相同，但是教育对象来自不同的专业。因此，在教学中的重难点就不可能相同。即使授课内容相同，可是教育对象的英语基础不同，因而面对不同学生时，授课内容的深度与广度也应该表现出一定的差异性，绝对不能采用"一刀切"的模式。个性化教案既具有共性，又突出个性，但个性胜于共性。教师只有准确了解学生的学习水平、认真研究教材，采用恰当的教学方法，才有可能设计出个性化教案，而个性化教案是有效提升课堂教学质量的重要保障。

和谐的教育情景是催化剂。个性化教育的开展有利于个体生命的个性化发展，而个性化教育的开展离不开和谐、愉悦的学习环境，尊重个性的教学目标，丰富多样的课程开发，民主互动的网络教学模式。

个性化教育指的是教师利用个性化教学手段，满足学生在学习过程中的个性化需求，使学生个体形成健康人格的教学活动。个性化教学以教师与学生之间良好的互动为前提，只有在保证和谐的教育情境下，才能保证师生的良好互动，让师生之间互相了解，帮助教师更好地了解学生，认识到学生的优势以及学习的不足，指导学生设计个性化学习方案，促进学生学习效率的提升，最终提高教学质量。

教育信息化是基础和支撑。个性化教学是真正的以学生为学习的主体，培养学生的自学能力，老师处于主导地位，对学生加以引导，这就对学生学习的资源提出了一定的要求。教育信息化能更快、更好地为学生提供海量资源，为学生选择所需要的知识提供可能。总之，网络是学生开展个性化学习、自主学习以及交互式学习必不可少的条件。随着教育信息化的不断推进，个性化教学也会随之不断发展，其成效也会随之凸显，其不足也会随之不断得到改善。

第三节 个性化教学发展趋势

我国大学英语教学正进入一个重要的历史转型时期，倡导大学英语教学要求、教学方法和教学内容应该体现个性化、本土化和多元化特点。

不同类型和不同办学定位的大学在专业设置、课程体系、学科发展和人才培养方面的差异决定了各高校对英语的重视和对学生英语能力的要求不可能是一样的。每个地区有每个地区的土壤，每个地区大学英语教学的土壤也不同，应该具体问题具体分析，不能制定统一的标准，以符合个性化教学的要求。

一、使用现代教育技术

借助互联网及多媒体网络课程解决大学英语教学中存在的问题，改进教学效果，提高教学质量，促进个性化学习。这也是目前国外外语教学手段更新与发展的趋势，认为通过设计良好的网络课程可以真正实现个性化教学，从而有效地培养学生的自主学习能力。本研究聚焦在多媒体网络辅助下的大班个性化教学，网络环境下如何选择恰当的大学英语教学方式，如何吸引学习者学习并提升网络环境下的跨文化交际能力。

多媒体课件替代了传统的教师板书的形式，课堂的信息量无形中扩大了数倍，这本是好事，可部分学生却感到眼花缭乱，毫无所获。目前可供教师使用的多媒体音视频课件出处繁多，再加上疏于甄选，内容难易不均，水平参差不齐，很多时候不能真正用作语言教学的课件。

网络外语教学的兴起和发展使外语学习呈现出前所未有的生机与活

力，互联网上丰富多彩的语言材料和真实自然的交际环境在很大程度上弥补了传统课堂教学的不足。然而，网络外语教学变得更加复杂，更难以控制。利用互联网进行外语教学可比喻成在一支水流喷射而出的消防栓上取一杯水。这个比喻生动、贴切地说明网络外语教学虽然潜力巨大，但是，不经过科学研究和精心设计，这些潜力很难变成现实的教学成果。

二、运用个性化教学模式

从教师、学生和管理者等角度分析影响个性化教学实施的不利因素，提出个性化大学英语教学的模式。比如，有研究者探索了多元智力理论框架下的"主题教学"方法，这种教学方法是素质教育的一种，使学生走出校门，构建有关于社会生活的学习体系，并通过主题式展示出来。这种教学以一些有效的方式方法更加接近学生的生活实际。

这种教学方式主要的目的还是为了培养学生的交际能力，尽可能地为学生提供实际的交际环境。因此，主题教学就是一种十分合理的教学方式，可以很好地实现这个目的，当然也是主要的渠道，它不仅为学生提供了真实的交流环境，还帮助老师融入学生，与学生积极互动，迎合学生的兴趣点，使学生积极地投入学习语言的过程中，此外，打破以往单一的知识传输模式，学生的接受能力更强，对知识的理解也更加深入，可以起到举一反三的效果，能够有效提高学生的学习效率。

第四节　大学英语个性化教学模式特点

一、强调多元化

使用多种的、灵活多样的教学方式和方法，灵活的教学活动与时间安排，教学资源的多样化和多元的评价。在教学过程中，教师有自己的个性化教学方案，也就是说，制定教学方案的时候，不要制定统一的标准，要依据学生的不同特点及个性制定符合学生发展的方案，以此来促进学生的个性化发展，提高教学效率与质量。教学时间的灵活安排能够满足学生的不同风格和学习进度，教学资料的多样化为学生提供了根据自己的需要、兴趣和能力进行学习选择的条件。

二、打破单一的教学环境和教学方式

利用多媒体网络及其他资源打造多维度、立体型的教学环境。在这里教师要理解并重视的一点是：要正确处理多媒体教学与板书的关系，说到底，多媒体只是教学的一位辅助工具，不能成为主体，更不能替代教师的指导作用，毫无疑问，如果一位老师善于利用多媒体，势必能营造良好的学习氛围，可以提供接近真实的交际环境，但不可否认的是，在现实生活中，交流是人与人之间的接触，这是任何多媒体都无法代替的。

三、个性化教学重视自主能力的培养

关于自主能力的培养,要从学生和教师两个方面,从教师的角度应该转变原有的单一传授模式,不仅仅是传授者和传输者,更是学生自主学习,自主在思维中构建学习体系的引导者;对于学生,作为学习的主体,也不应该一味地被动接受知识,而应该是信息加工、知识学习的建构者。落实到外语学习中,学生不能再依赖老师,而应该了解自己,对自己的学习能力有明确的认知。很显然,这一教学方法不仅可以帮助教师制定符合每一位学生发展的教学方案,还有利于促进学生独立学习的自主能力,构建符合学生学习能力的学习体系。

在世界舞台迅速崛起的中国亟须大批优秀的具有国际跨文化交流能力的人才。顺应高等教育国际化发展趋势的需要,教学走向国际化成为大学推进外语教学改革的方向标。在这样的新形势下,大学英语教学面临着新的挑战。

第九章 大学英语课程个性化教学实施

第一节 大学英语课程基本属性

一、公共性

大学英语是面向非英语专业所有大学生开设的一门公共课，其具有明显的公共性属性。大学英语的公共性主要表现在两个方面：

一方面，大学英语是面向所有非英语专业大学生的课程，所有的专业都需要接受大学英语教育，但是在开展大学英语课程的时候，具体的要求却没有直接给出，如何教学也没有一个确切的标准，大学英语是除了英语专业以外的所有大学生共同学习的课程。

另一方面，大学英语所涉及内容与英语专业所涉及内容不同，英语专业所涉及的英语主要是英语语言学和语用学上的深度元认知学习，而大学英语虽也会涉及一些基本的语言学和语用学知识，但更多涉及的是各专业大学生在听、说、读、写上反映出来的适合交际情境的公共性知识。正是大学英语的公共性决定了大学英语这门课程在各大学所开设课程中的重要地位。目前，我国高校开设的大学英语课程大多数都是各专业学生在前两年的4个学期里必修的课程，总学分为12分。

二、基础性

大学英语的教学内容主要涉及英语语言知识与应用技能、学习策略和跨文化交际等最基本的知识和技能。

大学英语的基础性还体现为：以掌握语言共核为主，掌握语言变体为辅。语言共核的掌握是学生进一步自学和深造的基础。对于任何一个人，要想把一种语言的所有内容都掌握是不可能的，大学生也一样。通常说，我们只能掌握语言中最常用的内容，比如在记忆单词的时候，我们一般只能记住比较核心的部分，对于语法的学习，也只是了解到常用内容；和别人用英语进行交流时，绝大多数的情况下，我们只会使用最常见的一些用语。因此，掌握语言共核就是大学英语的核心目标。由此可见，大学英语课程具有基础性，也体现了其所涉内容的基本性。

三、针对性

大学英语这门课程除了具有公共性和基础性之外，还具有针对性。大学英语的针对性，可从两个角度理解：

第一，大学英语应该结合各专业特点开设。虽然大学英语是面向所有非英语专业大学生开设的公共性课程，但面对不同专业的大学生，由于各专业自身的特点，其课程和教学的目标、内容等都应有所差异，以便满足大学生由于各自专业领域不同而产生的对英语知识的特殊需求。

第二，大学英语在层次上不能简单重复中学的基础性学习，而应该体现对高层次人才的专门性培养。近年来，在我国高等教育大规模发展过程中，大学英语在具体的课程设置上出现了一些不利的因素，在这之中最为突出的就在于区别性,主要是和高中阶段课程的区别不够明显。我们将这两阶段的课程比较,它们在目的、方式和要求上都十分的相似,甚至说两者之间不存在任何的差异。

高中阶段的教育是为了让学生通过学习获得较为综合的运用语言的能力。后者也提出大学英语的教学目标是培养学生的综合能力。这样的结果带来的影响就是,使得大学英语在教学上处于一种尴尬的地位,原地踏步重复高中课程内容。因此,在全球化背景下,对于英语教学提出了新的要求,需要在原有的教学上有所提高,将大学英语发展成能够适应社会需求的教学模式,提高学生的水平和社会适应性。

四、跨文化性

培养大学生的跨文化交际能力是大学开设大学英语课程的主要目的之一。这是反映大学英语的跨文化性的根本所在。可从三个角度理解大学英语的跨文化性:

一方面,从学习英语的环境来看,作为拥有汉语文化背景的中国大学生学习英语,其同时受到汉语文化和英语文化的影响,其时常在两种文化之间纠结、理解和释然;

另一方面,从我国大学生自身发展来看,在当今高度国际化的时代,大学生作为高层次受教育者,他们需要走向国际,了解国际文化,因此,他们需要在汉语文化和英语文化之间进行沟通、协调和融合;

最后,从我国大学生学习英语的行为本质来看,我们接受英语教育最终不是去发展英语文化,而是在学习并吸收英语文化的基础上,发扬中国文化。因此,大学英语教学过程中必须处理好创新(吸收英语文化）与坚守（发扬中国文化）的关系。

第二节　个性化教学目的

第一，个性化教学不等于个别化教学。

根据《现代汉语词典》的解释，个别化不仅强调单个的，如个别辅导；还强调少数的、少有的，如个别情况。可见，个别化教学强调的是教学对象的单一，或某特定部分的学生，而个性化教学强调的是学生的个性需求，尤其是指所有学生的个性需求，而不是单个或某特定部分学生的个性需求。因为，教学是面向所有学生的，而不是只面向某部分特殊学生。然而，个性化教学虽然不同于个别化教学，但它包含有个别化教学的某些基本因素。个性化教学就其满足学生个性需求的角度而言，其最终关注点就是个别性的，这在"异质教学"理论中能得到很好的解释。

第二，个性化教学不等于个体化教学。

根据《现代汉语词典》的解释，个体化强调的是事物的单一性、独立性和完整性。个体化教学更强调的是一对一的教学，如古代的家教教师有可能实现对孩子一对一的指导，其强调的是对象上的单一性和独立性，而个性化教学更多关注的是个体的差异性。

第三，个性化教学不反对集体教学。

由于个性化教学既不同于个别化教学所关注的少部分特殊学生的发展，也不同于个体化教学所关注的单个学生的发展，其关注的是所有学生的个性化发展，因此，个性化教学并不反对集体教学。比如，当前的小班化教学在某种程度上就为实施个性化教学提供了有利条件。在小班化教学中，教师的有限精力能够分配到个体学生上的比例相对大班化教学来说要高些。

可见，个性化教学并不在乎是一对一的教学形式，还是一对多的班级授课形式，其关注更多的是如何根据学生自身的个性需求，制定符合学生个性特点的个性化教学计划，以帮助学生得到个性化的发展。

其次，基于教学主体角度而言，个性化教学是指教师以自身个性为基础的教和学生以自身个性为基础的学的双边统一活动。这一理解同样可包括三个方面的含义：

第一，个性化教学仍是教师教和学生学的双边统一活动。

在数字化媒体进校园的背景下，传统的教学模式被深度打破，但是作为完整的教学活动，其主体人不能缺失教师和学生中的任何重要一方，否则，教学不称其为教学。因而，个性化教学仍是教师的教和学生的学的双边统一活动。在个性化教学中，教师和学生仍是互相依存的必要主体。

虽然，个性化教学可能因为教学条件的变化而产生一些形式上的变化，但是教学过程仍然不能改变教师教和学生学的双边统一活动这一实质。个性化教学，以教师个性化的教和学生个性化的学为手段，双边统一于学生的发展。因而，个性化教学的宗旨仍是统一于学生的健康完满的发展。特别是对于学生个性的培养具备重要的作用。

在我国传统教学过程中很少注意对学生的个性及独立人格的培养。随着世界课程改革潮流，在课程教学的领域，美国的艾斯纳提出了表象型目标的说法，这种理论充分尊重学生的个性差异，并凸显出每个学生的个性发展以及创造性表现,以及学生的主体性和自主性,其本质是对"解放理性"的追求,指向人的自由与解放。个性化教学追求以教师在教学过程中的个性化教学,引导学生在教学过程中的个性化学习,实现学生的个性化发展。其实现的不仅是学生在童年期、青春期个体能力、个性的发展,更是期望通过个性化教学帮助学生形成以利于其终身学习的稳定的个性。

第二,教师的个性是教师的个性化教的基础。

个性化的教的时代非常注重教学中实现教师的个性化教学。

创造条件,实现教师个性化教学是学校教育首要思考的问题。由此出发,解放教师的个性和实现教师个性的完满实现,要做到:教师教育观念的更新、教师科研的促进和个性品质的引导。观念是人们对事物的一般看法或认识,它对人们的行为活动产生决定性作用。教师的教育观念是教师对教育现象和问题的认识和看法。这些教育现象和问题包括教育目的、内容、过程、评价等过程的总体的认识和看法。教师教育观念有全面、系统和局部、零散等不同的层次之分。作为教师的教育观念,也存在全面与局部,系统与零散的不同层次。而作为有效教学的有个性的教师教学应该是全面和系统的。

教师在教育教学中对自身教学的反思和行动,把握教育因素之间的互动关系,丰富教育教学生活意义,从而实现教师的专业自主发展。教师的个性品质对学生发生着潜移默化的影响,特别对学生的精神世界产生着巨大的影响。因此,教师提高自身的个人品质,有利于教学效果提升。现代心理学认为个性品质是人的整体心理素质,是个性的心理特征。教师的个性品质主要是指教师在教学过程中体现出的整体的素质。

这个整体素质就是教师教学效果出现差异的重要原因之一。因为，这个素质是由教师的人生观、世界观、价值观、兴趣、情感、态度和需要等构成的。拥有良好个性品质的教师，能够在教学中以独具魅力的教学吸引力，达到良好的教学效果，增加学生的向师性，最终实现个性化教学。

第三，学生的学建立在学生自身个性的基础上。

教学活动是教师教和学生学的双边统一活动。教师个性化的教要适应学生个性化的学。学生的个性化学习是当代国际教育改革的核心要素，个性化学习以学习者的个性品质为基础，采取恰当的方法、手段、内容、评价等，将学习者的潜能最大限度地发挥。

个性化学习的优势在于根据学习者原有基础自主选择学习内容、起点、方式、手段等，从而实现学习者的个性发展。学生个性化学习的实现主要体现在学生的"会学""乐学"和"创造性地学"三个方面。

信息化社会要求学习者更好地根据自身的特性适应社会的发展需要。只有具备独特的个性，善于创造，敢于迎接各种各样的挑战的有个性的人才更有可能顺利地实现这些挑战。同时，学习者要根据自身的需要和兴趣，解放并发挥自己的个性，在自身能力许可的条件下实现自己的乐学，而创造性地学要求学习者创造性地学习，也要学习者不断为了创新而学习。

第三节 个性化教学内涵

一、个性化教学概念

在大学英语教学中,提倡个性化教学就是要教师首先以自身个性为基础去教,和学生以个性为基础的学的双边统一活动。在英语教学中,"个性化教学"就是教师必须充分尊重并且发挥学生的学习积极性,要重视保证学生个性和谐的发展,并通过教学引导学生明白自我求知的重要性,达到个人全面发展的目的。同时引导培养学生学会主动获取信息并独立思考的能力,促进知识、能力和人格的协调发展。采用这一教学方式在学习上不仅能够提高学生的学习效率和接受新知识的速度,挖掘学生的发展潜力,还可以培养学生的独立思考和创新能力,从而提高其综合素质。

英语教学是一种语言文化的素质教育,目的在于开阔学生视野,学会用英语进行信息沟通,并且提高学生的多方面的交际能力。而对学生而言,每个学生的知识结构和兴趣爱好,甚至对新知识的获取能力和性格等方面都不同,因此在教学的过程中不能"一刀切",应该坚持个性化教学,以学生的个性作为前提,努力培养学生学习英语的积极性,让学生主动思考和获取知识,进而逐步达到教学的最终目的。

综上所述,大学英语中的个性化教学工作,就是基于高校不同学科专业的特性和学生个性特征和个体差异,建立在教师以个性为基础的教,和学生以个性为基础的学的培养和促进学生在知识与技术、学习策略、跨文化交际能力和国际视野等方面发展的双边统一活动。

二、个性化教学内涵

大学英语不是学科，而只是一门必修的课程。大学英语是高校公共课——具备基础性和普遍性。因此，教师驾驭大学英语课堂教学的能力就尤为重要。因为大学英语是必修课程，针对的学生是各个专业方向的，因而，相比于专业课教师来说，英语课程教师想要熟悉每个学生的学习程度和把握整体教学节奏是比较困难的。这时，掌握一定的教育理论和教学方法是把这门课程的课堂教学工作做好的重中之重。

在大学英语教学中，曾受到教育界广泛关注的是对认知理论的掌握、研究以及运用，人们对其倍加推崇的原因就在于，这个理论在应用于大学英语学科教学过程中效果普遍较好。这个理论的总体特点其实是能充分尊重学生的个性，体现课程教学中围绕学生为中心的原则，能"培养学生的独立思维能力，并可引导学生独立自主的思考问题"。在与大学英语课程的教学相关的各个环节（写作、阅读、听说）上，认知理论都有指导作用。

三、个性化教学主要特征

个性化教学是教师以自身个性为基础的教和学生以个性为基础的学的双边统一活动，其充分尊重和发挥学生的学习积极性，重视学生个性的和谐发展，并通过教学唤起学生的求知欲和对个人全面发展的追求。同时，引导学生独立思考，主动获取信息，实现知识、能力和人格的协同发展。

英语教学是一种语言文化的素质教育，目的在于培养学生用英语进行信息沟通的交际能力。而学生的知识结构、兴趣爱好、学习能力以及性格等方面都不尽相同。因此，在教学过程中应该坚持以学生的个性作为出发点，努力培养学生学习英语的热情，进而逐步达到教学的目的。

大学英语个性化教学强调教师和学生在教学活动中平等的主体地位，通过师生间和学生间的互动交流，实现学生心理逻辑和知识逻辑的和谐统一，从而构建一个英语学习的螺旋上升发展过程。在教学过程中，教师可以采用不同的教学策略和手段，引导和启发学生进行自主的英语学习，让学生在不断的探索和体验中逐步提高英语技能。鉴于此理解，我们认为大学英语个性化教学主要具备五个方面的特征：

（一）多样性

个性化教学不是指个别或者个体的教学，也不是否定大班集体教学，而是指关注每个学生的需求和学习特点，通过多样性的教学方法，挖掘和调动学生的学习动机，实现学生有效的学习效果，促进学生的发展。因此，大学英语个性化教学是根据学生的个性特点、兴趣和学习需求为依据而设计的多样化的教学活动。大学英语个性化教学的多样性主要体现在两个方面：

一是"教和学"的多样性。

大学英语教学不能只有一种教学模式，一种学习方法，一种学习动机，一种教学大纲，一种教材，一种测试方法。大学英语个性化教学应该是去规范的，去统一的。大学英语个性化教学在教学目标、教学设计、教学方法、教学评价等方面都要按照学生个性特征和学习习惯以及学习需求进行个性化的多样化设计。

二是培养大学生的英语技能的多元性。

大学英语不仅要求学生简单掌握一些英语知识，更要培养大学生的跨文化的英语交际能力，如听、说、读、写、译等方面的能力。其中，最值得强调的一点是每个大学生在诸方面能力的发展不是均衡的，而是由于学生个体的兴趣和追求不同，而有所侧重的。因此，从个性化教学角度说，大学英语教学过程中理应把培养大学生诸多能力和侧重发展学生的个性特长有机统一起来。

(二) 个别性

当然，大学英语个性化教学的个别性特点，不是告诉我们必须对大学生一个一个地教，而是告诉我们当学生有个性化需求时，应该对其予以单独指导和帮助，否则难以真正解决该学生学习英语的价值和意义。这就告诉我们，大学英语教师在准备教学内容和组织课堂教学时，应该充分发挥其教育教学之智慧，善于通过教学诊断发现学生的个性化需求，从而有针对性地教学。

然而，现实教学中，为了整体提高英语教学质量，多数教师都采取的是重点抓占比80%的中等学生，而对约占10%的优等生和10%的后进生关注不够。这是典型的大众化教学现象，不能充分关注学生个性化需求，尤其是优等生和后进生的特殊需求。教学实践中若能就有特殊需求的学生进行个别性的指导，则能更好地发挥这部分学生的个性特长。这也是真正体现个性化教学的核心所在。

(三) 针对性

大学英语个性化教学的针对性源于受教育者的差异性。针对性是指教学内容和教学手段要和教育对象特征以及需求相互吻合，对他们而言是能够接受的，能够践行的手段。根据学生的学习起点的不同，智力水平的不同和需求不同，设计符合学生个性化需求的教学手段，走进学生内心深处，体现教师对所有学生的平等重视，刺激学生运用英语和外国人展开沟通互动的兴致和活力，并非运用没有现实作用的乏味的小组探讨，以及简单游戏来开展互动教学。

大学英语个性化教学的针对性是对一刀切的否定，即要求教师根据不同的文化背景，个性特征，灵活运用适合学生个性的教学方法。教学的内容、教学和学法、评价的方式都要根据不同的学生展开挑选，需要参照学生学习的基础以及学习的能力，把学生划分成多元层面，层面不同，设计的教学目标以及教学活动等也存在一定的偏差，细致地划分教学活动的所有流程，促使不同层面的学生都能融入到教学活动当中。让针对性教学成为个性化教学的"有米之炊"。

一方面，要为学生提供与他们的学习偏爱方式相一致的匹配举措，除此之外，还要掌握学习风格的缺陷以及不足，制定合理的规划、举措来应对。只有这样，才能真正地做到因材施教，切实地提高教学效率。所以，在大学英语个性化教学实践过程中，教师要充分掌握学生总体的学习风格，充分激发所有学生学习的热情和活力。除此之外，教师还需要协助学生剖析自身的风格特征，促使他们利用自己的长处来开拓学习方式和手段，有助于合理地挑选学习举措，补充以往风格存在的缺陷。

个性化差异性主要表现在以下几个方面：

（1）大学英语个性化教学的对象具有差异性。

在教学过程中，儿童存在两种发展水平，一种是现有的发展水平，另一种是潜在的发展水平。这两种水平之间的差距即最近发展区。对于大学生,由于各自的英语基础不同以及对学习英语的期望不同,决定了每个学生的最近发展区水平也不同。比如,有些学生擅长英语阅读、有些学生擅长英语写作,也有些学生擅长其他方面的英语技能等。因而,为适应学生个体差异设计教学任务就是体现个性化教学的差异性特征之处。

(2) 大学英语个性化教学所涉及的学生专业方向存在差异。

由于大学英语的教学对象是来自各个不同专业的学生,每个学生的专业特性和所涉及的英语知识都是不一样的。针对不同专业的实际情况,结合学生的个体需求进行的教学体现的就是个性化教学的差异性。

(3) 大学英语个性化教学涉及的教师教学风格具有差异性。

不同的教师由于成长经历、文化背景以及对教学的理解不同,从而形成了各自不同的教学风格。教师的这种差异性的教学风格是教师实施个性化教学的基础。比如,有些教师的英语发音纯正,那么他说的英语就能够很好地吸引学生的注意力,甚至会直接影响学生学习英语的兴趣。

(4) 大学英语个性化教学的差异性是建立在师生人格平等的基础上的。

虽然我们主张大学英语个性化教学是充分尊重师生在教学过程中的个性差异,但是其并不意味着师生在人格上的不平等。一方面,师生在人格上的平等是教师开展教学活动的根本性前提,这是对学生独立人格发展的充分观照,任何教学活动都必须遵循;另一方面充分尊重学生的个性差异,让每个学生都能得到应有的个性发展,这本身就是一种特殊的人格平等。

（四）诊断性

诊断性是大学英语个性化教学的又一重要特征。已有述及，大学英语个性化教学需要针对学生的个性差异组织教学，其教学的关键就是根据学生个性差异制定差异性的个性化教学计划。那么，如何才能有效地针对学生的个性差异制定教学计划，并组织实施教学呢？实时教学诊断，是个性化教学明确差异、体现针对性的关键所在。所谓教学诊断，参照教育家肖川教授的说明，是教育专业人士和学校内部为了促使教学和学生的需求以及基础状况相互吻合，评判教师的教学状况以及学生完成教学目标需要具备的基础。

（五）交际性

人们交往的关键工具就是语言，语言最根本的功能和性质就在于交际性。并且，语言也是文化的载体和关键的展现方式。因此，大学英语课堂教学富含浓烈的文化特点。所以，制定相应课程的过程中需要思考对学生文化素养的培育以及世界文化知识的传输。大学英语教学中，语言和文化是不可分的。要凸显教学的个性化，我们在文化适应性上需要达成以下共有的认知：

一方面，文化知识和适应能力是交往能力的关键构成；另一方面，语言交往能力本质上是更深层次的获取文化知识的基础。以学生个性化需求和各学科个性化需求的教学，融入文化特征的教学活动才能具有真实交际意义。

第十章 大学英语教学问题研究

第一节 教学模式存在问题

一、学习者处于被动学习状态,实践能力低

现阶段高校的大学英语课程基本上套用着统一的教学理念和课程设置,因此,教学大纲的制定、教材选用以及课堂模式也趋向一致。从某种程度上讲,统一性能够解决一些问题,如教学管理、课程标准和评价方式等,但在很大程度上,过多的统一性具有巨大的弊端,其中之一就是在人才培养过程中,轻视甚至忽视教育主体的需求特征和自主性的发展。体现在教师的教育教学只重视知识的掌握,忽视创新能力和个性发展,只重视课程传授的过程,忽视被教育者的实际需求。

一般情况下,在现实教学过程中,为实现教学任务,教师在教学的过程中经常围绕着教科书的内容,多数教师都是根据教科书以及教学课件展开教学,在课堂上直接阅读书籍,造成教学如同教材,仅仅关注课堂输入,忽略了课后输出。整体而言,大学英语教学内容很难调动学生学习的兴致,也难以锻炼学生语言运用能力,导致大部分学习者永远处于一种被动学习状态,实践能力低下,参与意识不强。

二、难以满足专业性需求

大学公共英语教学授课过程中通常是均衡地培养学生的四大语言技能，但来自不同地区、不同家庭和不同教育背景的学习者在进入高校后，无论在性格上、能力上还是在专业发展上都存在着差异和需求，因而对学校、教师和自身的专业怀有期待，这种期待突出体现在了学生对大学英语的需求上。

作为一门公共基础性课程，大学英语在以专业体系为主的高校中，肩负着双重使命，培养专业人才的语言交际能力并满足日新月异的社会发展的需求和对人才的期待，目前我国大学英语人才培养模式而言，既难于顾及个体差异，如：英语学习经历及实际水平、个体性格差异和对自我发展的需求等，又难于满足社会各个阶层对专业人才的需求和期待。

三、缺乏专业培养机制

专业学习是大学生的主体任务之一，大学英语是推动专业向着更好、更高层次发展的助力。当前，我国各高校都以大学英语通识教育为主要教学内容，评价手段基本上以全国英语四、六级考试为标准，没有考虑各种专业的发展需求，也没有任何将通识语言教育与专业语言相结合的培养模式，个别学校也只是在专业语言知识教学方面做了些初步的探讨，没有深入性的对接和研究。

这体现在了我们所培养出来的专业人才缺乏坚实的英语交际能力，尤其是与专业相结合的交际能力，其交流范围大多止步于国内，无法走向国际，不但制约了我们专业人才的能力提升，也阻碍了我们一些先进的专业技术走向国际。因此，大学英语教育应当关注的不仅是学生的语言技能，而是学生学科专业技能与语言技能的整合与提升。

四、缺少科学评价体系

评价体系即应具有全面性又应具有差别性。我国大学英语课程的评价体系基本上采用的是统一的标准和统一的考核手段，即：要求所有学生通过全国大学英语四、六级考试并以此为衡量学生是否能毕业的标准。设定一定的统一性考核固然有其价值，但若要将单纯的通识知识，也就是说与专业知识脱节的考试作为唯一衡量英语水平高低的标准根本无法展示学生的实际综合应用能力，也脱离了大学英语培养具有高素质、高能力专业人才的轨道。这也是我们国家高校培养出来的大学生，无法在世界这个大舞台上进行有效交流和合作的原因之一。

五、与实际教学脱轨

大学英语教学在各类专业院校中是一门基础性公共课程，其工具作用尤为突出。然而，就我国高校大学英语教学来讲，基本上以现行的统一的教材和教学大纲为主的通识性教学为主，与各类专业基本不对接，因此，使得教学与专业学科特性产生了严重的偏离，具体体现在如下几个方面：

（一）跨文化交际能力不足

语言学习的关键是交际，针对一个以专业为背景的大学生讲，语言学习的目的就是能够用所学语言无障碍地将自己的专业知识进行有效的推广和相互借鉴。尽管大学英语教学中涉及了许多文化知识,但在培养学生跨文化交际能力方面的教学还不尽如人意。

(二) 为其他学科提供工具性支持的功能缺失

以工具性为基本特性的大学英语教学应该突出的是它的工具作用,辅助作用,即为其他学科发展、人才综合素质的奠定、社会结构的合理推进等做出其相应的支持。然而,纵观我国大学英语教学,能够将教学与专业相结合的学校还不多。所有高校统一采用全国统编英语课程教材,教学大纲和教学模式基本一致,因而,培养目标基本上也是一致的。

(三) 对学习者的个体差异关注不够

大学英语教育从根本上讲,就是需求教育。学习者的个体需求就是大学教育发展的根本法则。从目前我国高校教育的社会供需上看,学习者基本上是以个体的需求选择学校和专业,而专业特性也同时为学习者提供发展的前景和必要的保证。尽管我国高校对英语有其固定的要求和标准,但就地域差异、教学环境和个人能力差异讲,固定的要求和标准下也出现了不同的要求和标准,导致进入高校的学习者在英语学习上出现了较大差异性,无论对教学还是个人都造成了一定的困难。

(四) 师资力量不足

师资力量也主要以英语专业为主,没有一个公共英语与专业英语相适应的师资培养机制,教授大学英语的教师无法胜任专业英语的教学,而具有专业知识的师资又无法顺畅地使用英语教学,这两者之间的矛盾一直困扰着我国高校大学英语教学的地位与发展,最终使得我们培养出来的学生,很难涉足于自己专业的国际性交流事物之中,严重地阻碍了我国经济发展的前沿性和高效性，使得国家在各个领域的发展中出现一些失语现象，从而失去良好的国际交流机遇，也严重地降低了高校专业人才培养的质量，使得高校大学英语教学背离了自身的课程定位，进而远离其培养目标。

第二节 教学内容存在问题

一、内容单一，缺乏针对性

缺乏目标针对性教学。纵观我国大学英语教学，能够将教学与专业相结合的学校很少。所有高校统一采用全国统编英语课程教材，教学大纲和教学模式基本一致，因而，培养目标基本上也是一致的。完全失去了大学英语教学的宗旨，也全然无法体现其工具作用和辅助作用。

大学英语课程基本上套用着统一的教学理念和课程设置，因此，教学大纲的制定、教材选用以及课堂模式也趋向一致。从某种程度上看，统一性能够解决一些问题，如：教学管理、课程标准和评价方式等，但在很大程度上，过多的统一性具有巨大的弊端，其中之一就是在人才培养过程中，轻视甚至忽视教育主体的需求特征和自主性的发展。体现在教师的教育教学上只重视知识的掌握，忽视创新能力和个性发展，只重视课程传授的过程，忽视被教育者的现实需要。

二、教学方法缺乏多样性

现在大学公共英语通行的使用60人左右的大班化教学，由于参加课程学习人数多，教学任务集中、学习时间紧张，教学组织形式很难改变。这种缺乏灵活性的教学组织形式在提高教学效率方面有显著的作用，但是缺乏灵活性本身存在不少缺陷。应在这种班级授课制为主导下实现教学组织形式的多样化，为学生提供适合其特点的教学组织形式，充分利用现代信息技术来组织教学，提高教学活动的效率，探索使用个别化教学和分组教学在大学英语教学中的应用。

三、评价结果诊断不足

长期以来大学英语课程的评价体系基本上采用的是统一的标准和统一的考核手段，即：要求所有学生通过全国大学英语四、六级考试并以此为衡量学生是否能毕业的标准。设定一定的统一性考核固然有其价值，但若要将单纯的通识知识，也就是说与专业知识脱节的考试作为唯一衡量英语水平高低的标准根本无法展示学生的实际综合应用能力，也脱离了大学英语培养具有高素质、高能力专业人才的轨道。

缺乏评价的诊断性，没有实行对学习结果的终结性测试与促进学生学习的形成性测试的有机结合。学习评价应该全面的检测语言能力，为教学提供诊断和反馈，使学习者能随时检测自己的不足。

第三节 教学建议

教学活动的起始点和最终点都应当集中在教学目标上，教学目标将会对各项教学活动起到指导和推动影响。不同学生在学习潜能、学习动机、个性和认知风格等方面普遍存在差异。因此，教师应在课前设定教学目标时，应充分考虑这些个体差异，准确把握教学要求，尽量满足不同学生的个性需求，制定出适合各层次教学的、多元的、有差异的、具体可行的目标及教学方法。同时，教学目标的构建不能拘泥于课程目标需求，一成不变地使用教材和大纲，而应结合学生实际情况，对教材和大纲进行有意识的修改、调整、增减和扬弃。

一、培养学生认知能力的目标

（一）初级阅读理解能力

学生能够对英语文章基本读懂，在词典的帮助下对专业阅读文本的英语教材和阅读熟悉的英文报刊文章；能对生活以及工作当中常见的材料文本阅读；能够使用比较好的阅读方式实现阅读需要。该阶段主要核心是能够对文章进行理解，并且使用有效的方法。根据二维框架，"一般阅读能力"含有两个维度：

一是"知识维度"，即文章中的词、语法结构和篇章的字面意思；二是"认知维度"，包括理解和标记。

从认知维度上看，具体制定不同的知识维度教学目标，如对"事实知识"（篇章中的词汇和语法知识）以及"程序知识"，也就是阅读方法，提出了相应的要求标准。对此需要从认知维度上实现对阅读文本的解读，并且在认知维度上的教学目标需要具体进行指定，包括理解认知以及标记认知等，进而最终实现目标的可操作性、层级性。

（二）中级阅读理解能力

学生必须能够对英语国家大众报刊杂志的文章阅读理解；能够进行

专业的综述性文献阅读，了解文中大意概要，也能够抓住细节等。该阶段核心所在包括了知识维度从具体到抽象的不同知识内容，分别有事实、概念、程序、元认知等；以及更多从低级到高级的认知维度过程，如应用、分析和评价等。如果第一阶段的阅读目标达到了，即学生在认知水平上已经实现了对相关知识的识记、理解和运用，那么，分析和评价阅读文本才有可能。

（三）高级阅读能力

对学生要求可以针对难度较大的文章开展阅读，并且可以掌握文章的大意，关注文章的细节，阅读国外报刊杂志上的文章，可以对所学专业中的英语文献理解和阅读。这里难度较大就是在文章中的遣词造句以及文章布局上，要求学生能够开展更深入的解读。所以学生需要具备较高的英语水平和认知水平，这就包括了学生的创新认知水平和评价认知水平。批判性阅读将会成为未来大学英语阅读教学的主要发展趋势。

二、个性化教学内容设计

（一）设计多元化课程

大学英语个性化教学内容的设计，主要体现在普通英语教学与专业相结合的课程融合，个性化选修课数量和种类在课程类别总量中增加，大学英语教学专门用途英语内容的增加，为未来学生学习专业英语，甚至双语学习打下良好基础。

大学英语课程设置的多元化，首先不排斥传统大学英语教学目标和学生需求，保留传统大学英语阅读为核心的大学英语课程群，以满足学生考级和考研的需求。同时，增加以大学英语听说为核心的课程比重，满足中外交流频繁背景下对英语学习者听说能力要求不断提高的社会需求变化。另外，有选择地设立专门用途英语课程，把大学英语与学生的专业相结合，有利实现学生专业领域中英语综合应用水平的提升，尤其是听说能力的全面提高，进而帮助学生在未来的学习、生活和工作中，能更好地利用英语开展交流。

不同学习需求指向下的不同教学目标，决定了不同的课程设置和教学内容的选择，以满足学生不同的个性化需求和目标。以专门用途英语课程教学内容为例，要通过需求分析方法，向用人单位和企业了解学生在未来职业发展中所需的外语知识、素质和能力，同时了解学生英语学习的主观需求和实际需求的差异，即个性化需求，找到社会需求和学生个性化需求之间的差异，以便确定课程的具体内容和要求，设计课程活动，实施个性化教学。

(二) 教学内容多元化

多元化的教学内容组合是构成个性化大学英语教学的重要组成部分。不同的教学内容组合，为学生提供了不同学习方式的选择，或着重自主学习，或强调研究性学习，或突出体验式情景，或发展反思性的思辨思维能力，学生通过自主选择教学内容，获得适合自身特点和需要的外语习得方法，提高英语语言技能应用和实践经验，反思教学内容的适应性。

在以往的教学中，教师按照教材的编写思路和对课程的个人理解，结合课时等外在条件的要求，对教学知识内容做了分割和组合。但这种理解往往带有较强的个人色彩，知识之间或是孤立的，或是随机联系的，并没有基于学生的学习特点和需求，没有站在整体上考虑问题，以通达思想分析知识内容，了解学生整体的情况。而多元化的大学英语教学内容安排，要求以综合化的思想，整理和改造不同单元的大学英语教学内容，避免知识内容的重复性问题，给学生提供多元化、综合性的学习材料，让学生能够拥有个性化、明确性的学习思路，掌握和认识自己的学习内容、方式和过程。

（三）课程设置多元化

多元化教学内容要求课程设置不断模块化。充分考虑学生存在的个体差异，然后对大学英语教学采取分级分类方法，让学生能够从自身知识水平出发，找到适合自己的类别。同时，在课程设置上开设必修课和选修课模块，在不同模块下，设立不同课程，突出不同教学目标和教学内容。

按照模块比重的不一，在教学过程上也存在出入，从而满足学生多元、个性的学习需求，逐渐地使得教学中能够提升文化教学以及非语言技能教学的内容，让学生在英语学习更为突出个性、专业。例如，我们可以在学生第一、二学年开设必修课程，即基础阶段的大学英语课程，课程可以包括读写模块、听说模块等，使大部分学生达到《课程要求》的一般要求。

在第三、四学年，还可以开设选修课程，包括技能类课程模块和文化类课程模块，让部分学生达到《课程要求》的较高要求和更高要求。技能类课程模块可以包括"英语实用写作""大学高级英语""英汉互译""英语高级口语""英语视听说"，使学生有机会进一步发展自己的强项，弥补弱项；而文化类课程模块可以包括"英美文学赏析""英美文化""英语电影赏析"等，使学生对英语文化有更进一步的了解和认识，有助于丰富他们的知识结构和人文素养。

三、教学方法设计

个性化的教学方法，要注重实现以往传授为主的教学向指导为主的教学转变，注重学生主体地位，以培养学生发现问题、分析问题和解决问题的能力为主要任务，重视英语知识应用技能的培养，尤其是学生在职业和生活中英语语言的综合应用能力的培养，才能让学生在未来的生活、工作、社会当中更好地开展口头英语交流与沟通，适应国内国外环境变化。

个性化教学方法重视因材施教，重视交流互动，在交流中解决课堂教学中遇到的问题，提升学生的语言能力，充分尊重和适应学生之间的个性化差异，保证教学方式的灵活性，以及教学情境的多元化，增强教学过程中的趣味性、互动性，提升学生兴趣，集中学生的学习注意力，使他们积极主动地参与到教学当中。

（一）分级分类

以学生为中心的教学是对个性化教学的重要体现。近年来各高校的教师在不同的级别和类别的大学英语教学中，不断在教学中尝试各种不同新的方法。我们在低级别的大学英语课堂上，采取情景教学方法，使英语教学贴近生活，启发学生分析问题和解决问题的能力，培养学生的批判性和创造性思维，鼓励学生探究式学习，积极主动思考，在语言实践活动中提高英语语言应用能力。

对此，教师通过话题开展分组方式进行课堂辩论赛。在辩论时让学生做好充分的材料准备，通过辩论能够实现学生之间有效的提问、互动和点评，进而提升课堂参与度。这种形式将会让学生拥有更好的实践机会，让学生更好地表达和参与，这样英语水平自然得到了提升。

(二) 教学方法灵活多样

教学目标对教学系统起着根本性的制约作用，它既是教学活动的出发点，又是教学活动的归宿。教学目标中的多维结构决定教师教学的多维功能，即传授知识、发展能力、教书育人。功能的不同，实施的方法必然不同。所以，教学目标的多维性决定了教学方法的多样化。同理，个性化教学目标的多维性决定了大学英语教学方式的多样化和灵活化。为了适应学生不同的学习风格和需求，教师要采用多种知识呈现与传达方式，让学生有更多的选择方式和接受空间，充分调动他们学习的积极性，促进他们更好地掌握所学知识。

网络教学方式，就是利用网络技术辅助学习生态环境，使得学生的主体地位得以充分展现，学习方式主要是以探究式为主的活动。网络化教学可以满足学生不同的个性化学习需求，提供自主性学习方式。基于网络的个性化教学，以计算机辅助教学，以互联网为信息获取和交流媒介，以先进教育理念为基础，引入认知科学等学科的最新成果和认识，通过研究人类学习思维和认知过程的特点和方式寻求学习认知的新模式，使学生在个性化学习中获取知识，以实现真正个别化教学的目的。

网络环境下的大学英语教学，或网络化大学英语教学，关注点在于学生自主学习和个性化教学之间的融合，能够有效调动和挖掘学生潜力，彻底转变教师的教学观念、教学方法和课堂角色。不管是线上线下，还是课堂内外，网络化的大学英语教学方法作为一种超文本化的整体教学方法，都强调在教学过程中培养学生自主学习能力，通过声音、图像、文字、动画等媒介，形成微课和慕课等立体式教学工具，使得教与学的界限变得模糊，时空限制不再重要，教学形式变得更加形象和生动。

第四节 教学反思

一、教师反思

评价的目的不是仅仅在于就"事"或就"人"而评价，也不是为"评价"而"评价"，关键在于通过评价让被评价者对自己目前的教学行为和效果有较为清醒的认识。相比于其他领域上水平较高者，学生在学习新知识时，往往不会轻松被同化或顺应，其中需要对心理资源以及图式进行利用、重组，重新组成知识结构，从而掌握新知识。另外，学生的认知水平往往是有限的，并且不具备或欠缺对学习环境与学习过程的监控能力、评价能力等。很多时候教师在面向学生授课期间，即使通过师生互动，学生对新知识的吸收与理解仍然需要一定时间。因此，学生对知识的掌握并不系统，没有构建系统的知识结构。

对此，学生必须充分认识自我，进行反思并制定规划：结合自身的学习特点，长期反思、不断反思、循环反思，总结出适合自己的、与他人不同的学习经验和方法，提高学习效率和效果；在教学临近结束之际，教师可规律地提升，让学生进入反思中：在课堂上授课内容是什么？需要掌握的是什么？课后需要如何展开复习？在课堂学习上为什么会产生消极心理？如何将课堂学习过程中产生的消极心理进行消除、进行控制？采取何种学习方法能够提高课堂学习能力，促使学习质量提高？

以上所述问题中，涉及学生对课堂学习的认知、对自身学习情绪的了解，与此同时还能够了解到各项学习环境因素对自身存在的影响。而教师可从教学活动中针对这些问题引入到教学案例分析、思维导图指导等，让学生能够从中意识到、深刻认识到存在的问题，从而明确反思学习过程中所需注意的，提高反思质量。在课堂教学过程中，教师还要在教学进度的管理上指导学生构建知识结构，具体可通过思维导图、概念图等图标工具。

在获得学生同意的情况下，教师与学生一同探讨存在的反思资料，其中探讨的资料必须具备代表性方可体现效用，同时也是在为反思学习作出示范，让更多的学生能够了解反思的重要性。最后，通过自我对话、师生互动等方面，形成反思总结，这些均有利于学生掌握课堂知识，认识到自身问题，从而推动社会文化建设工作落实到位。

教师反思源于教学实践，而教学实践又是检验反思效果的具体方式。在回顾、记录课堂教学经历的反思过程中，通过展开教学过程反思活动，能够了解到教学过程是否存在不足，能够了解到自身采取的教学思路，继而为优化教学方案、提高教学质量提出更具可行性的方法。很多时候教师都会把反思内容记录在日记中，反思的内容一般趋于多元化发展，其中主要在课堂教学层面、学生层面予以集中，所反思的内容与日常教学也存在紧密联系。

通过课堂观察，教师能够有效了解到自身在教学过程中存在的不足之处，有利于对以后教学工作开展作出适当调整，逐步完善教学课堂规定，促使教学质量得以有效提高。

二、个性化教学目标反思

教学目标可以理解为，在特定的教学情景下，学生通过课堂学习后，学习行为发生改变的预期结果。也可以理解为，在特性学习环境下，学生通过参与课堂学习，预期变化便因此而形成，学生此时的行为将会趋于预期目标或标准。例如面向学生展开某项教学活动时，学生对学习内容中的语言知识掌握程度如何，语言水平处于何种程度，运用技能是否得到一定程度增强等多方面，对于学生而言，以上所述都属于课堂学习的预期目标，其中关于学生的学习活动变化，所指的便是学习目标。教学目标的内涵中，具有的特点主要有两个，具体为：

第一，教学目标属于教学主体的预期，其中还能够对学校教育目的予以体现，虽然并不是全部教学目标均是预设的，但仍然具有较高地位；

第二，在教学目标的制定方面，制定者是教师，目标所指对象是学生，是学生在接受各种环境变化带来的改变后的规定，可以理解为就教学目标的实现必须能够对学生身心发展存在正向影响。在此环境下，在具体的教学目标评估层面上，大学英语个性化教学预期目标相比于最终教学结果的比较更具优势，并且，更易于判断大学英语个性化教学目标是否有效实现；

第三，关于课堂教学目标是否具备系统性，是否均具备层次性和可操作性进行评价，还应做到观其是否涵盖了教学预期达到的结果，视其是否层次清晰而不相互交叉重叠，看其是否能够在教学实践中实施。

总之，评价大学英语个性化教学目标，需要秉持综合性的思维，从教学目标的系统性、层次性、完整性、可操作性等方面全面的评价。

三、个性化教学主体反思

一般而言，在大学英语个性化教学过程中，教学行为的发起者是教师，但由于大学英语个性化教学不同于传统教学，具体教学活动上学生也需要积极参与到教学活动中来。因此，大学英语个性化教学的主体主要是指大学英语个性化教学期间的师生。从广义层面上分析，大学英语个性化教学的完成不可能仅是教师，也不可能仅是学生，而是师生与相关人员共同完成的，其中相关人员所指的主要有教学管理者、研发者以及评价者。

在大学英语个性化教学层面上，主要区分两类主体展开研究，其中分别为学生、教师。基于此，对大学英语个性化教学主体的评价，可分别从教师与学生两个方面实施，就教师这一主体而言，至少从如下几个方面评价：

第一，教师在教学期间是否拥有个性化意识；

第二，教师在教学期间是否体现出个性化意识；

第三，教师在持续教学上是否具备创新能力；

第四，教学在教学中是否具备个性化教学经验或基础知识；

第五，教师所展开的教学活动是否充满信息。

从学生层面出发展开评价，主要有五方面：

第一，学生针对教学信息反馈上是否具备相关意识；

第二，学生在课堂学习上是否拥有学习兴趣；

第三，学生是否具备英语基础知识；

第四，关于英语个性化教学学生是否存在期待心理；

第五，学生对当前所展开的教学活动是否满意。

四、个性化教学过程反思

教学过程是一个包括认识和实践两个方面的活动过程，是认识与实践相统一的过程，是人类认识全过程的一种特殊形式。正如有学者认为：面向学生展开课堂教学期间，在教师的引导下，学生根据已有的知识经验与对活动的认识，实现对主观世界的改造，促使学生得以趋于和谐、个性化发展。具有如下特征：

第一，教学过程是教师教学生认识和实践的过程，在教师的教授活动中实践活动是主要的，认识活动从属于实践活动，学生学的活动中，主要是认识活动过程；

第二，教学过程是一种特殊的交往过程，在课堂教学过程中，必须重视师生互动、交流，理应采取合作的模式，确保教学过程中能够实现文化传承、文化创新等；

第三，教学过程是教养和教育的统一，教学永远具有教育性；

第四，在课堂教学期间，在学生必须掌握知识、提高发展能力的同时，在思想层面上让学生形成较高的品德素质，同时促使学生树立正确的价值观。

从以下几个方面评价大学英语个性化教学过程：

一是在教学过程中是否发现了有价值的问题；

二是切合目前课堂教学上存在的问题,落实相应的举措,对存在的问题予以有效解决;

三是通过评价活动得出的内容,其中关于教学过程中存在的问题,落实的问题解决措施是否落实到位,是否能够针对该问题对教学进度作出相应调整;

四是教学过程中是否有师生有效互动。

第十一章　德育元素融入英语教学

中华民族的优秀传统道德是民族特色的生动展现，是民族凝聚力的动力源泉。人在世界上最高的价值追求，就是培育其高尚品德。当前，中国正处于世界未有之大变局，社会主义现代化建设迈入新征程的重要阶段，新时代的中国青年则是中华民族未来的重要见证人之一。

高校是承担教书育人的重要场所，是培养具有较高思想政治素养和专业素养的人才的摇篮。高校德育工作居于学校各项工作之首，需要始终坚持"立德树人"是社会主义教育事业的根本任务。当前全球一体化大背景下，各种社会思潮和西方文化意识形态持续影响着大学生的思想和生活，大学生有了更多的机会对世界各国先进的科技文化知识和优秀文化成果有所涉猎。同时，西方纷繁复杂的社会价值观和文化思潮，给我国民众的思想、国家安全等方面带来了严峻的挑战。因此，高校德育工作的开展刻不容缓。

实践是理论的来源。从德育元素融入大学英语教学的角度出发，对我国高校大学生进行德育教学具有一定的实践意义。在多元文化共存，复杂的社会思想杂糅的今天，在大学英语教育创新发展、我国高等教育高质量发展，培养高素质、高质量人才等方面，更具有一定的现实价值。

第一节 英语教学融入德育教育的价值

一、有利于大学生有效抵制西方不良价值观

大学英语课程作为我国高校一门重要必修课程,在培养我国具有跨文化交际能力的高质量专门人才方面具有举足轻重的地位。将我国优秀传统文化传出去的同时,也面临着西方文化不断涌进我国,影响我国青少年的思想和意识的问题。因此,在大学英语教学过程中渗透德育元素,有利于大学生在面对纷繁复杂的社会文化思想和价值观的同时,对西方消极思想和价值观进行有效抵制,端正思想态度。

二、有利于大学生树立文化自信,增强国家认同感与民族凝聚力,弘扬中华民族优秀传统文化

英语作为传播西方思想文化的重要工具,对我国大学生的思想有深刻的影响,并在大学生中逐渐产生不良影响。一些学生一味地追求西方文化思想,而对我国优秀传统文化思想弃之不理。在大学英语教学过程中渗透德育元素使大学生能更好地树立正确的世界观、价值观和人生观,树立文化自信,增强大学生国家认同感与民族凝聚力,发扬爱国主义精神。

三、有利于促进德育元素融入课堂教学过程，提高大学英语教学水平，促进大学英语教育和高等教育高质量发展

目前，高校德育工作通过开展思想政治理论课程的方式对大学生进行思想道德教育，一定程度上模糊了德育的隐性渗透作用。在大学英语教学过程中渗透德育元素，能够充分发挥德育的隐性功能，起到"润物无声"的效果，促进德育思想深入人心，让学生在英语学习过程中，深刻体会"德"的意境。另外，将德育元素融入大学英语教学，不仅能够创新大学英语教学模式，而且能够提高大学英语教学水平，能够有效促进大学英语教育和我国高等教育高质量发展，为未来我国高等教育事业的发展奠定坚实基础。

第二节 大学英语融入德育的方法

一、内容方面

第一，融合大学英语教学特征，发挥德育隐性功能。教授外语专业各课程的教师在帮助学生提高目的语语言文化知识水平和跨文化交际能力的同时，有必要探索在具体教学实践中融入思想政治教育内容的有效方法，以平衡并消解学生在目的语语言文化习得过程中在意识形态领域可能会受到的负面影响，保证培养出的学生不但语言水平过关，而且思想政治素质过硬。大学英语教学过程中渗透德育元素是一项细致入微的工作，在发展过程中我们应根据大学英语教学的特点进行有效德育渗透，

充分发挥德育的隐性功能。

第二，借鉴德育思想发展体系，更新德育元素。新时代德育的发展具有其独特的体系和模式，大学英语教学可以借鉴其发展体系，创造出一种德育元素与大学英语教学相结合的独特的全新体系，不仅更新了德育元素的内容，而且创新了大学英语教学模式，使得大学生在英语学习过程中树立正确的世界眼光，具有国际意识和一定的人文素养，成为对外交流和跨文化交流的优秀人才。

第三，研究个体性格和心理特点，因材施教。"00后"大学生是有个性、有主见的一代学生，他们在社会、高校、家庭以及学生群体等方面都会有一定的影响，因此，应该坚持以学生为本，了解"00后"大学生的内在需求和不同特征，研究其个体性格和心理特点，对症下药，因材施教。

二、途径方法

第一，从理念转变渗透德育元素。大学英语教师更多地关注到学生对于英语专业知识的学习，把德育元素融入大学英语课堂中的意识和技能有待提升，要从思想上转变大学英语教师理念。传统的大学英语教学随着时代的发展出现了一些亟待解决的教学问题，新时代，要转移传统大学英语教学范式，坚持育人为本的理念，要把握正确的政治方向，要以"立德树人"作为高等教育的根本任务，在大学英语教学过程中培养全面发展的人。

第二，从教师培养渗透德育元素。大学英语教师应不忘初心、牢记使命，破除思想政治教育与己无关的片面思想，把思想政治教育作为分内事。教师在教学过程中为学生答疑解惑，传道授业，因此，应对大学英语教师进行有效培养，提升大学英语教师的德育水平。教师高尚的人格从某种意义上来说，是一种道德标杆，具有一定的示范效应和感召力。因此，在大学英语教学过程中，要加强师德建设，把德育寓于教师的日常行为之中，以身作则。

第三，通过教材渗透德育元素。大学英语学习的重要载体就是大学英语教材，因此要格外注重英语教材的导向性。英语教材中有丰富的西方文化和内容，在大学英语教学过程中，教师应该更加注重对英语教材的有效利用，学生应充分挖掘教材中的德育内涵。要充分发挥英语教材的基础性作用，提高英语教材的利用率，增强高校英语德育元素渗透的力度。

由此可以看出，英语教材作为教学过程中的重要教育媒介，教师和学生都应该充分利用，在教学过程中充分挖掘英语教材中的德育元素，引导学生正确认识世界发展大势以及中国特色。目前，国家和社会高度重视高校德育现代化的发展。

首先，以人为本成为德育工作的重要核心。面对纷繁复杂的国际和国内局势，高校德育工作必须适应时代的发展，以人为本，重视人的全面发展。在德育工作过程中，以关注学生、尊重学生、理解学生为主要目标，从陈旧死板的说教教育逐渐向学生主体转变，使德育工作更加人性化。

其次，互动式教育成为德育工作的新型教学方式。教育与时俱进，对学生的德育工作更需要创新。高校德育从传统的以教师为中心的说教方式逐渐转向以学生为中心、教师为主导的平等的交流讨论方式，真正实现了教师与学生在课堂中和谐平等的教学氛围。另外，网络科技的发展和普及，也为高校德育工作提供了现代化的平台，教师和学生能够随时随地通过网上社交软件、学习平台等自由表达自己的情感和想法，德育工作者也更好地了解大学生的心理问题和情绪，提出相应的解决办法。

最后，三全育人成为德育工作的全新格局。高校德育工作逐渐向三全育人格局转变，以促进学生在德、智、体、美、劳方面全面发展为主要目标，使大学生树立正确的世界眼光，培养高素质、高质量的社会主义建设者和接班人。

随着中国特色社会主义进入新时代，我国高等教育的发展也进入了全新的阶段。在探讨德育元素融入大学英语教学的意义之前，有必要对新时代我国高等教育的背景和大学英语教育的现状详细阐述，对德育以及大学英语教育的发展有深层了解，以便能够详细分析德育元素融入大学英语教学的迫切性，深入了解新时代德育元素融入大学英语教学的意义所在，为后续的调查研究奠定充分的理论基础。

第三节 大学英语教学改革现状

英语作为我国民众第二大学习语言，在全国范围内广泛应用。高校在高等教育不断发展的过程中，在对思想政治教育重视的基础上，也更加注重大学公共英语的教育，为我国培养高质量的国际型人才，为迎接全球化时代的机遇和挑战做足充分准备。按照大学英语教学历史演进的四个阶段，我们认为，四个阶段的每一次划分都是一次大学英语教学改革，只是改革的方向以及力度有所区别。新时代我国高等教育事业的发展进程中,大学英语教学为了适应高等教育的发展,也必须进行一系列的教学改革。

一、大学英语教学对教育意义的解读不深刻

大学英语教学作为我国高等教育中必不可少的重要一环,本身就具有人文性、工具性的特性。一方面,英语作为一门语言,是学生沟通交流的重要途径,学习英语能够帮助学生认识世界、了解世界,培养大学生的语言技能和自主能力;另一方面,在学习英语的过程中,大学生能够了解国外的文化、思想等,通过学习内化为自身的价值,有助于培养学生的国际意识。

目前的大学英语教学虽然在工具性方面实践较为深入,但是在发挥其人文性方面还有不足。大学英语教育不仅是对学生进行英语技能和知识的培养,而且是在学习过程中让学生对各类事物形成自己的人生价值观和态度,发挥大学英语教育的教育意义。

二、大学英语教学对语言意义的理解和思维不足

应试教育的广泛传播,改变了高校大学英语教学工作的侧重点,在课堂中,教师更多地关注学生对于英语语法、词汇、句型等英语专业知识的教授和理解,学生对于课文的基本含义以及传递的正能量的价值观念等无法深刻理解。当然,教师在课堂中对于语言意义理解的引导也不到位,导致学生没有分析、思考课文含义的习惯,也没有形成一定的思维。在英语学习过程中,教师教学的过程也是学生认识的过程。因此,对学生的自主学习有一定的要求,才能真正使英语教学发挥其人文性和

工具性。

三、大学英语教学对学生自主学习的培养不到位

随着大学英语教学的不断改革创新，我国大学英语教学水平有所提高，师资力量更加雄厚，但是对于学生自主学习英语方面的改革还有待加强。由于不是母语，在几十年的英语教学发展过程中，学生学习英语对教师形成了一定依赖性，认为教师就是权威，教师也认为自己掌握的英语专业知识教给学生是没有问题的，长此以往，学生就完全地依赖教师、教材等，教师还是课堂的主体和主导者，而学生更像是聆听者，二者没有互动，产生教学合作。

综上所述，大学英语教学虽然自新中国成立以来不断摸索、不断改革，然而新时代大学英语教学还是与教育政策不能完全适应，在实践过程中由于各种现实原因，无法真正意义上实现大学英语教学的教学目标和要求。未来，我国大学英语教育改革最终还是会以人的全面发展和实现人的价值为主进行改革，发挥其育人功能。总而言之，新时代大学英语教学改革的意义就在于让学生成为能够掌握自己人生、发挥自主性的全面发展的人。

四、德育元素融入大学英语教学的重要性

大学英语课堂教学是融入德育元素的重要渠道之一，就是教师要提升思想政治教育亲和力和针对性，充分将德育元素与大学英语教学相融合，使各类课程与思想政治理论课同向而行，形成一定的协同效应。按照高等教育目标的要求来看，高校不仅肩负教授大学生专业知识的责任，

还肩负着培养又红又专、德才兼备、全面发展的社会主义高素质、高质量的专门人才的责任。由此，德育教育必不可少。

第四节 德育教育的可行性与必然性

一、融入大学英语的可行性

新时代，高校始终以"立德树人"为根本任务，从教育方式以及教育环境等方面来看，德育元素在课堂中、学习中和日常生活中随处可见。习近平总书记也曾指出，在培养"全人"的过程中，要将思想政治教育融入到学校的各个学科当中，二者应该协同发展。目前，"课程思政"在全国高校中的广泛提及和传播，对于德育元素融入大学英语教学也具有一定影响。无论是国家政策的有力支撑，还是高校对于人才培养的教学要求，或者新时代高等教育的发展都能表明，大学英语教学可以渗透德育元素。

（一）政策支持

《高等学校思想政治理论课建设标准》等一系列政策的制定，无不体现了我国高度重视大学生思想政治素质和道德素质的培养。我国各级各类教育政策的强有力支撑，让德育与大学英语教学的结合有根可循，这为大学英语教学与德育融合发展提供了坚实的理论基础。德育与大学英语教学的有机结合是正确的路径选择。

（二）人才培养需要

新时代高等教育迈入国际化内涵式发展阶段，高校更加注重培养国际化人才。而大学英语课程则是培养国际型专业人才的主阵地，大学英语教学最终还是要落实人的全面发展和发挥人的内在价值。语言是文化的载体，英语作为世界性语种之一，在文化传播和文化交流方面承担重要任务。

（三）新时代高等教育创新发展需要

自 2005 年起，上海课程改革在经历了三个阶段的改革后，逐步形成了"课程思政"理念。"课程思政"就是在全员育人、全程育人、全课程育人的整体格局下，在"立德树人"的本质的引领下，将各类课程与思想政治教育相结合，形成协同效应，高校在教育教学过程中引导大学生树立正确的价值观、人生观和世界观的一种全新的教育理念。

当前我国正处于百年未有之大变局中，高等教育更需要树立科学的思维，也要树立创新的思维。在"课程思政"理念的指导下，将德育元素融入大学英语教学是新时代高等教育创新发展的迫切需要。在大学英语教学中，教师能够站在马克思主义立场，运用相关观点和方法去教书育人，以期在此过程中能够发现新思路、新方法，切实落实大学英语教学的创新发展。

二、融入大学英语的必然性

（一）信息化背景下德育教育不够充分

大学英语作为世界性语言，具有工具性和人文性两大特征，兼具传递世界文化和人文精神两大功能。因此，英语教师在培养学生掌握英语语言技能的同时，还应该注重在教学过程中引导学生树立正确的国际意识和国际视野，培养国际化观念和跨文化交际能力。

而现阶段高校大学英语教学过程中，在应试教育的影响下，高校英语教师重点关注课文内容的词汇、语法以及句型的学习，对课文内容的理解浅薄，未能充分发挥英语语言的人文性，对学生的人文素养和道德情操的培养不够充分，德育工作渗透不够深入，德育效果还不够明显。

（二）传统教学思想落后

传统的高校德育思想工作的开展以思想政治理论课为主，德育工作开展具有一定局限性，育人效果也不尽如人意。

首先，随着知识经济的到来，高校学生被大量的社会信息所包围，无法正确分辨优质和不良信息，仅仅只是在思想政治理论课中对思想政治理论进行学习远远不够，无法使大学生在日常生活中树立良好的观念，培养优秀的道德素质修养；

其次，目前，大学英语教学注重英语学习的工具性，赶进度、要成绩，注重培养学生英语的听、说、读的能力而忽视了英语作为传播文化、交流思想的人文性，在大学英语课堂中，没有贯穿德育体系，对德育元素无法很好地渗透；

最后，部分教师"课程育人"意识不强。一些教师一直停留在英语专业知识的教授上，没有将德育渗透进课堂教学内容中，也没有正确引导学生树立社会主义核心价值观，导致一些学生崇洋媚外、三观不端正、思想扭曲。缺乏教育载体的创新，高校德育工作就无法深入大学生当中，发挥各学科的育人价值。新时代，在"课程思政"的理念下，以大学英语课程为载体，以德育为核心，将德育元素融入大学英语教学中，是新时代的必然要求。

三、信息化背景下德育教育的意义

近年来，思想政治教育逐渐成为高校育人的重要内容之一。育人先育德，育人育德两手抓。大学时期，青年学生在学习专业知识的同时，更应该在学习、生活、工作中学习如何做"人"。学习如何做人，就需要依靠高校德育工作的开展。在"三全育人"的全新格局下，将德育元素融入大学英语教学过程是青年学生全面发展的重要环节，也是推进素质教育的必然要求，更是高等教育改革的必由之路。

四、推进素质教育

纵观素质教育体系，整体以"人"为主要对象对教育进行改革创新。素质教育是一种始终尊重人的主观能动性，注重开发人的智慧潜能，最终形成人的健全个性的教育。素质教育以此为根本特征，全方位提高人的基本素质。随着教育改革的发展，素质教育逐渐走进教师和学生的视野当中，它重视学生的思想水平、能力提升、个性发展和身心健康，与基础教育是两个完全不同的概念，二者既相互联系，又相互区分。

近年来，国家对学校课程和教学不断进行优化改革。高校始终以立德树人作为根本任务，坚持育人先育德，育人育德两手抓，遵循教书育人规律、学生成长规律以及思想政治工作规律，培养又红又专、德才兼备、全面发展的人。对于学生国家教育部门更加注重减轻学生的学习压力，让学生在课余时间参与到社会实践活动中，加强社会实践活动，了解社会、了解生活、学会做人，着力提高学生的实践能力和创新能力。

在此过程中,始终坚持以德育为先的理念,全面推进学生素质教育。

五、高等教育思想改革

高等教育的发展水平是一个国家发展水平和潜力的重要标志之一,通过教育教学、行政管理等方面,对高等教育进行相应改革是高等教育高质量发展新趋势。党的十九大报告中指出,要"加快一流大学和一流学科建设,实现高等教育内涵式发展",加快"双一流"建设,优化高等教育结构,建设有特色、高水平的大学。这不仅是高等教育改革和发展的新目标,也是目前高等教育最紧迫的重要任务之一。

高校思想政治工作关系到"培养什么样的人、如何培养人以及为谁培养人"这个根本问题,因此,更应该将思想政治工作贯穿教育教学全过程,充分实现德育元素融入大学英语教学的过程中。高校思想政治工作不仅承担着宣传马克思主义理论的研究任务,还承担着培养中国特色社会主义德、智、体、美、劳全面发展的建设者和接班人的实践任务。德育不仅限于思想政治课程的学习,还要将德育渗透进各个学科当中,大力提倡"课程思政"理念,这也是高等教育改革的创新举措之一。

第五节 德育元素融入英语教学存在的问题

一、学生缺乏学习主动性

如今,全球化趋势涉及经济、文化、教育等领域,无可厚非地为我国人民带来了错综复杂的思潮和价值观。这些被高校学生全盘接收的西方文化思想和价值观，虽然在一定程度上开拓了学生的视野，丰富了学生的思维，但是在价值观培育的重要阶段也对高校学生产生严重的误导，随之出现的就是拜金主义、功利主义、"外国的月亮比较圆"等不良思想，从学生个人方面来看，产生这些消极思想与高校学生自身的素质和自主学习能力有较大关系。

二、学生政治素养不高

（一）高校学生政治素养不强

学生进入大学时的年龄一般是18岁，18岁在法律规定上即为"成人"，只要在社会生活当中不违法、不违背公序良俗，就可以正常进行民事活动。

18岁正是高校学生形成正确思想、树立正确价值观念的关键时期，这一阶段是高校学生走向工作岗位、走向社会的重要环节。对于高校大学生说，政治素养就是指学生的政治态度和政治理想，包括对党的路线、方针政策的理解，国家政策的认知，国家政治形势和经济状况的了解，青年的责任和担当等内容。现如今，由于高校学生学习内容专业化，生活情况变化大，对于政治素养的学习不够。高校学生只注重学习相关专业的专业知识内容，忽略了政治素养的培养，让高校学生成了"高智商、低情商"的人。

除此之外，随着生活条件的变化，一些高校学生养成了一些不良生活习惯，思想和心理发生严重的扭曲，政治素养还有待加强。

（二）高校学生德育自主学习能力较弱

高校思想政治工作开展的主要途径目前是高校各类思政课程，高校学生的政治素养和思想道德修养，主要是通过思政课程进行培育。高校学生在专业课程、必修课的学习之余，课余时间对德育的学习涉及较少，自主学习能力较弱。作为高等教育的重要组成部分，大学英语在培养高校学生英语技能和跨文化交际能力方面具有举足轻重的作用。

在大学英语课堂中，英语教师侧重于注重培养高校学生英语知识技能和跨文化交际能力，课后高校学生在没有教师的指导和督促下并不能主动进行相关学习，并且无法在课内课后对德育内容自主研究。归根结底，还是高校学生对这一方面不够重视，自主学习能力不足。

四、教师相关观念认识不足

师者，传道授业解惑也。这里的"道"即是"德"，教师在教学过程中不仅要为学生解除困惑，而且更重要的是对学生进行德育。习近平总书记在2019年3月18日学校思想政治理论课教师座谈会上指出，要用新时代中国特色社会主义思想铸魂育人，要充分发挥教师的积极性、主动性、创造性。在教学过程中，教师应该充分发挥主观能动性，将立德树人的内容与专业课程内容相互融合，才能实现"三全育人"全新格局。

然而，相关调查研究发现，高校英语教师对"三全育人"格局和"课程思政"理念的认识不够深入，无法在英语课堂中渗透相关德育内容。

高校英语教师对"三全育人"的格局和"课程思政"理念的认识不足，这与高校英语教师自身情况有重要联系。从高校层面上，高校作为教师发展的摇篮，有义务为高校教师提供各类培训学习的机会，为高校教师在教学过程中遇到的困难扫清障碍，向高校教师传达各级各类教育政策并帮助实施。从高校教师自身应该提高自己的道德修养水平，加强思想政治教育工作的培养，发挥教师的榜样示范作用。

五、课堂德育教学不深入

英语课堂不同于其他以中文形式教授的课堂，具有一定的独特性。英语教学方法涉及语言和语言学习的本质特征、语言教学的目的、教师的职能、教学大纲的体系、学生活动的开展、教材的有效运用、教学技巧的实施和程序的进行等，是进行语言教学的途径和做法。英语教学方法和手段是高校英语教学中融入德育元素的关键着力点，然而，根据前期的问卷调查发现，大学英语教学过程中融入德育元素存在一定的困难之处，根本是高校、教师对英语教学方法和手段的融合和创新不够重视造成的结果。

六、立德树人任务有待提高

在高校落实我国教育方针和目标的过程中，"立德树人"成为高校思想政治教育的重要组成部分，具有推动和促进国家经济建设和治理能力现代化的重要作用。近年来，在各级各类政策讲话文件中，多次强调高校"立德树人"的重要性。在此过程中，"立德树人"的每一个重要环节都具有一定的社会实践价值和育人价值，并且在传承中华民族优秀文化的过程中起到重要作用。

第六节 如何提高教师德育水平

"学高为师,身正为范",为人师表是每一名教师的使命。英语教师在大学英语教学过程中融入德育元素是顺势而为,要想提升高校学生的德育水平,英语教师首先应该以身作则,因此,提升高校英语教师的德育水平显得尤为重要。高校学生的品德修养和习惯养成,不仅是思政课教师的使命,也是学科教师的使命。

一、提升高校英语教师素养

(一)教师加强核心价值观的学习

知行合一是道德修养培养的重要内容,加强高校英语教师的道德素养,需要引导高校英语教师自觉提高社会主义核心价值观。在日常生活中,高校教师应该把社会主义核心价值观作为日常学习目标,养成自觉加强道德修养的良好习惯。在英语学习过程中,英语教师要主动与学生互动交流,具体将社会主义核心价值观传递给每一位学生,培养学生的道德情操、理想信念等。

除此之外,还要加强引导高校英语教师对英语育人功能的发挥,在提升教学科研水平的同时,因材施教,为高校学生树立良好的道德示范,让英语教师也能够成为学生成长的引路人。社会主义核心价值观的养成,需要教师平时不断努力养成,在教学过程中将其传递给学生。

(二)加强高校英语教师伦理规范

随着一系列高校教师职业道德规范的文件的修订和颁布,国家对高校教师的道德修养、行为准则提出了非常高的要求。高校应该紧紧围绕"立德树人"这一根本任务，把社会主义核心价值观融入英语教师的道德伦理规范当中，使得英语教师在教学过程中为培养高校学生具有社会主义核心价值观而努力，使得英语教师能够更加科学地将德育元素融入大学英语教学之中。

英语教师的道德素养不仅能够反映其个人的品行，而且能够深入影响大学生的人格，因此，充分发挥社会主义核心价值观的引导作用，在英语教师进行道德素养规范方面、将完善自我与教书育人有机统一方面具有重要意义，有效促进英语教师提升道德素养。

二、发挥高校英语教师个人价值

高校英语教师是将德育元素融入大学英语教学中的实施者、引导者。英语教师在教学过程中，要成为学生学习的榜样。那么，发挥高校英语教师的榜样作用，就成了高校教育教学所面临的任务之一。

英语教师的一言一行不仅影响着学生，也影响着身边的教师。在这种情况下，高校英语教师首先要在思想上保持党员的先进性，明确和坚定政治立场，不断加强思想道德修养和党性修养，学习相关重要讲话的精神，充分发扬为人师表、爱岗敬业、无私奉献的职业素养。对于英语教师来说，有更多的机会去欣赏国外的风景，那么在见多识广的同时，更应该在思想上树立正确的三观和国际意识，在英语教学过程中能够发挥其榜样作用，对高校学生的德育有重要意义。

三、增加高校英语教师的培训活动

百年大计，教育为本。今天的学生就是未来实现中华民族伟大复兴中国梦的主力军，广大教师就是打造这支中华民族"梦之队"的筑梦人。人才兴国、教育强国建设的过程中，教师的地位和作用不断突出，加强高校英语教师的各类培训，是高校教师队伍建设的重要目标。

创新驱动发展，21世纪迎来了知识经济时代，国家科技的发展又来自于教育，作为教育过程中的引导者和指路人，教师不仅要不断更新自己的专业技能，而且要培养自己的创新创造精神，提高自己的教学能力和教学意识。

作为高校英语教师，在教学过程中要预设学生提出的问题，要对学生的思维和学习技能进行一定程度上的启发，让学生学会如何发现问题、解决问题。

英语教师所特有的优势是能够接触国外先进的教学经验、教学理论和教学方法，并把这些运用到教学实际中。因此，英语教师应该抓住优势，借鉴国外先进的教学经验，发挥创新创造精神，将中华优秀传统文化等德育内容融入大学英语教学之中，为"课程思政"理念的渗透以及德育工作的开展发挥重要作用。

第十二章　大学英语教学改革创新

目前，英语教师在大学英语教学过程中，进行德育渗透的方法较为单一且陈旧，无法满足学生素质教育的需求。例如，说教法和名人名言教育法，这些方法都比较枯燥且陈旧，对学生进行德育的效果不明显。因此，改革和创新大学英语教学范式成为高校英语教师提升教学能力和加强德育能力的关键之处。

第一节　教学改革创新方式

一、构建生态课堂

树立具有德育融入的生态教学的英语教学理念。实事求是，与时俱进，是高等教育改革依靠的重要准则，在现阶段高等教育改革的背景下，只有从实际情况出发，对大学英语教学进行生态化课堂的建设，才能够培养高校学生的学习主动性、积极性。

作为高校英语教师，也应该认识到，生态化教学对大学英语教学的重要促进作用，在生态化课堂中，巧妙融入德育内容，树立具有生态化教学的英语教学理念。在英语教学过程中，英语教师应该更加注重对教学环境的生态化设计，关注学生对跨文化交际能力的渴望，关注德育元素融入大学英语教学如何创新，最终创新大学英语教学模式，将"课程思政"理念充分融入英语课堂的各个环节，培养具有高标准的、具备跨文化交际能力的高质量人才。

二、构建生态化教学体系

高校始终坚持以人为本的教育发展理念，大学英语课程也要根据学生的成长规律、发展规律，并根据当前教育改革情况，构建多元化的生态教学体系，师生合力共同推进大学英语的发展。高校学生学习英语，不仅仅是学习一门工具语言，与国际友人交流，也是为了能够多了解西方文化思想，了解世界文化的多样性。

为此，高校英语教师要从实际出发，坚持以人为本，完善大学英语的教学体系。在英语教学过程中，教师要注重英语知识和德育内容的强化和渗透，将二者巧妙结合：

第一、要注重营造和谐的师生关系，良好的师生关系有助于教学过程顺利的推进和开展；

第二、要注重渗透跨文化交际内容和中华优秀传统文化内容，使学生在学习过程中加强跨文化交际能力，加强科学批判文化问题的能力。

三、英语教学模式创新

推进"互联网+"德育与大学英语教学模式的不断创新，有助于大学英语教学模式的创新和发展，有助于促进高校学生素质教育的培养，有助于培养高质量的专门人才。推动"互联网+"德育与大学英语教学模式的创新，可以从以下几个方面入手：

（一）巧妙设计教学环节和教学活动

在"互联网+"德育与大学英语结合的情况下，需要认识到英语课程的人文性和工具性的重要特点，明确学生在融合教育过程中的情感、技能、知识的教学目标，巧妙设计教学环节和教学活动。

在教学过程中，教师通过网络学习平台发布教学任务，通过网络学习平台对学生的学习情况实时监控，培养学生自主学习能力；教师利用丰富的网络资源，向学生传递相关德育内容，在学习过程中了解本节课内容所蕴含的人文精神和思想道德素养。

此外，英语教师还可以在教学过程中，为学生提供德育元素融入大学英语教学的在线测试题，让学生讨论或者发表感想，通过这种方式，将德育元素融入大学英语教学中。

（二）将信息技术手段融入教学过程中

除了网络学习平台、学习软件等，高校英语教师还可以利用多媒体教学手段和设备，给学生创设良好的信息化教学环境，向学生渗透相应的德育内容。多样化的教学信息技术手段，有利于激发学生学习英语的积极性和主动性，也有利于将德育元素更好地融入大学英语教学中，在培养学生英语技能的同时，也能够提升学生的思想道德素养和政治水平。

无论是何种教育方法或者手段，都是为了使高校学生在每一个教学环节和教学过程中都能够受到德育内容的陶冶，使学生在英语学习过程中提升思想道德水平，加强道德修养。

当前，大学英语的教学情况不容乐观，教学过程枯燥乏味，教学内容没有新意，教学方法死板单一，在这样的情况下，改革和创新大学英语教学范式，有助于德育元素融入大学英语教学中，有助于创新大学英语教学模式，有助于对高校学生进行思想政治教育，有助于高校学生成为具有政治素养、道德素养的跨文化交际专业人才，有助于促进社会主义现代化建设，有助于实现中华民族伟大复兴的中国梦。

(三) 英语教学开展翻转课堂

1. 利用多媒体信息技术教学

大数据时代，各种各样的视频和音频资料丰富多彩。在开始正式课程之前，教师提前准备一些学生喜欢的、有趣的、热点的相关视频和音频，给学生充分的思考空间并对相关多媒体资料进行分析和整合，提炼出有效信息。

2. 引导学生积极思考

学生有了对所学内容的基本认知和分析后，英语教师在课堂中就能够更好地开展课堂内容，并且通过不同的方法去引导学生探讨和思考，以期发现文章的核心意义。通过"线上+线下"有效结合的方式，让学生完成各类学习任务，使他们融入到英语学习过程中。

3. 开展多角度教学评价

最后，课后开展多维度教学评价。教学评价是教学过程中重要的环节，这对于学生学习、教师教学的优化都有很大帮助。那么在翻转课堂中，需要对学生的自主学习能力、合作参与能力、课后学习效果等方面进行学习评价，对教师的德育水平、引导能力和课堂掌控能力等方面进行教学评价。在课程思政理念的引领下，对学生和教师的评价都是非常有必要的，以此实现以评促思、以评促学。对于学生多维度评价后，发现学生在学习英语相关专业知识的同时还可以提升道德情操、价值理念以及增强中华优秀传统文化的认同感；对于教师多维度评价后，发现英语教师的德育水平有所提升，能够把握相关时机对学生引导和指导，恰当、适当地融入德育元素。

第二节 创建良好的大学英语教学环境

学校教育教学环境是一个极其复杂的教育系统，不仅有精神和物质方面的教学环境，还有师生关系、班级氛围、班级内部建设等班级内的全部活动环境。对于大学英语教学环境，更多的是从课堂内部的教学环境、改善教学方式等方面优化，借此给高校学生提供一个良好的学习环境。

此外，对于高校学生在英语学习过程中德育的培育，也需要通过情境调动学生学习的积极性，使得学生将此内化为自己的价值观念，促进德育元素在大学英语教学过程中的有效融合。

一、创造有共情力的教学环境

共情能力也叫作移情能力，指的是一种能够设身处地感受、体验他人处境，从而达到感受和理解他人情感的能力。近年来，共情不再是一个单一的技能，而是成为人与人社交之间的重要能力之一。除此之外，随着学校教育愈加重视学生的素质教育，对学生的道德素质和情商提出了更高的要求。由此可以看来，一个优秀的人不仅要具有一定的智商和工作能力，还要具有一定的高情商去进行语言或者文化交流。那么，在英语教学过程中，激发学生的共情能力就具有重要意义。

英语教师要善于运用视频、音频、图片等多媒体资源创设融合环境。除了思政课教师对高校学生进行有规律的教学以外，英语教师也可以利用视频、音频、图片等多媒体资源为学生提供教育教学环境。大学英语课堂包容性极强，运用各种教学方法和手段都能够为学生营造良好的教学环境。

二、完善大学英语教学软件建设

环境育人，环境育德。对大学英语教学全过程的创设，也要从优化软环境方面入手。从存在形式上，软环境是指物质条件以外的诸如政策、文化、制度、法律、思想观念等外部因素和条件的总和，它是一种思维、意识上的精神环境。高校软环境对学生的德育有潜移默化的内化作用，能够彰显该大学的校园文化和校园内在品质，对高校学生的思想道德修养的培养有重要意义。

（一）完善教育管理制度

遵循英语学科的教育教学规律，激发英语教师对学科内容的科研的积极性，提高英语教师在高校管理体系中的重要地位和重要作用。高校是教师进行学术科研的重要组织，只要这个组织能够坚持兼容并包的学术氛围，教师遵守相关学术作风的要求，英语教师才能首先考虑英语学科的育人功能，将德育放在英语学习的首位，将德育工作放在所有工作的首位，才能培养出"有理想、有道德、有文化、有纪律"的四有青年。

此外，要充分肯定思政课教师的成绩和作用，发挥思政课教师的榜样示范作用，将德育元素融入英语学科教学中，建立健全教师工作机制，形成学校党政领导、共青团、思政课教师、学科教师、辅导员和班主任齐抓共管的工作机制，落实"立德树人"这一根本任务。

（二）建造和谐校园

学校是教书育人的重要阵地，坚持以人为本就是以学生为本、以教师为本。最大限度发挥英语教师和学生的主观能动性，努力营造融洽和谐的人际交往环境。对学生来说，可以促进学生的全面发展为目标，让高校学生在英语学习过程中也学会做人、学会学习，树立崇高的理想和正确的世界眼光和国际意识。对于教师要不断加强自身的道德水平，要将为人师表、热爱祖国等教师职业素养作为人生的最高标准，最终能够将自身的道德素养传递给学生。教师的发展和学生的成长都应该坚持以人为本，构建和谐的校园。

由此看出，在大学英语教学过程中软环境的优化，有助于全新教学环境的创设，有助于大学英语教学的发展，有助于实现英语的育人功能，有助于高校学生在英语学习过程中，培养优秀的思想道德素养。

三、完善教学实践平台

大学英语教学坚持育人为本，德育为先，以"立德树人"为首要任务，利用丰富的多媒体平台，把德育元素深入渗透到大学英语教学中。在英语教学过程中，让学生在了解西方文化知识的同时增强民族认同感，坚定理想信念和文化自信。在互联网时代快速发展的同时，高校德育工作如何全方位、全程开展，"思政课程"与"课程思政"如何相统一，在英语语言学习过程中提高自身道德素养，将成为大学英语教育教学过程中的全新命题。

(一) 运用新媒体做好宣传

新媒体的广泛普及，在高校范围内产生了特别的"化学反应"。全国高等院校以及各级教育部门抓住了新媒体的巨大优势，纷纷在微博、微信、抖音等各类社交平台开通账号开展宣传教育工作，这也为学生们及时地提供了一手资源和信息。以西安理工大学为例，西安理工大学借助微博、微信公众号、B站等社交平台，开通官方账号，例如"西安理工大学""西安理工大学研究生教育"等官方微信公众号，"西安理工大学易班"官方微博。

(二) 利用好互联网手段

多媒体时代为新时代大学英语教学以及高校德育工作开辟了新的融合着力点。随着互联网的普及和网络时代的到来，互联网已经成为广大学生、教师和家长获取相关德育知识的重要渠道。高校要利用好互联网这把双刃剑，充分利用好各类信息资源，建设好校园网络教育平台，强化教育主阵地意识，是新时代德育元素融入大学英语教学的重要举措。此外，在网络教育平台的建设过程中要突出本校的特色，突出学科的特征，在众多高校中成为一道亮丽的风景线。网络教育平台要在德育和英语学习中相互贯通、相互补充，形成具有特色的思想政治教育阵地。

第十三章　写作教学动态评价

在对英语学习者的听、说、读、写、译五种能力的培养中，写作是最难培养的能力之一。虽然教师和学生投入了大量的时间和精力，但效果往往不佳。表现为学生的英语作文内容展开模式单一，思维定式较明显；文章结构紊乱，句与句之间、段与段之间缺乏逻辑关系，中心不突出；语言不地道，文章中满是汉语式、翻译式的句子，且句型单调；语言贫乏，缺乏美感，没有吸引力。这种情形在非专业学生的英语作文中表现得更为突出，尤其是近几年高校不断扩招造成各个高校大学英语师资不同程度的短缺，使得学生英语能力的培养问题越发严峻。

学校教育的目的之一，在于促进学生认知与行为的有效改变，而教学评价是协助达成教学目标的重要手段或者说重要过程之一，因为教学评价对教学起着激励、导向和质量监控的作用，是成功的教学要素之一。遗憾的是，长期以来，由于受到传统写作教学理念如成果法和其他因素的影响和限制，我国大学英语写作教学大多以终结性的测试为主导，这种评价方式评估内容单一，评估标准机械，过分强调结果，忽略学习过程，不利于促进学生的写作能力全面发展，同时也难以对写作课堂教学过程形成良性刺激。

随着当前大学英语教学改革的推行，在强调培养学生语言应用能力的新的教学模式中，这种单一的评估方式已远远不能满足新的需求。

第一节 大学英语写作教学现状

一、网络辅助教学

网络辅助教学模式的设想符合教学原则，在教学实践和实验中也得到某种程度的印证。在英美国家，利用互联网进行英语教学已蔚然成风，并开设了许多专门的英语写作网站，尤其是在美国，师生已经拥有了完整的英语教与学的网络系统。

随着全球经济一体化进程的加快，世界范围内的人口流动愈来愈频繁，涌现了大量具有多国身份的公民。教育、心理学工作者在实践中发现，在接受主流文化教育的过程中，移民存在更多的学习困难等现象。此外，伴随着大规模测验的扩大使用，社会上还出现了对弱势群体和非主流文化群体的歧视现象。

二、制定英语写作教学评价标准

（一）文章篇幅方面

目前，不少学者主张"以写促学"，通过"写"培养学生的思辨能力以及对英语语言的敏感性，提高语言运用的准确性。因此，写作课的主要任务是"督促学生写，保持写作的频率"。基于上述观点，为了鼓励学生多写多练，规定文章的字数即文章篇幅方面得分的重要参考。

（二）思想内容方面

为了获知学生如何具体展开文章的主题，以及如何展开每一个具体的分主题的能力，规定每个能够支持说明文章主题的分主题为一个支撑点；同时为了鼓励学生学会用详细的支撑材料阐述自己的观点，规定每个支持说明某分主题的细节均为一个支撑点。评分时每个支撑点均为一分，在文中依次标明，教师标注的最后一个数字就是学生在思想内容方面的最终分数。如果不能直接或有效地论述其相应的主题或分主题则不计分。

（三）组织结构方面

根据日常教学观察，学生对中英两种语言在组织结构方面的差异不够敏感，对英语中发挥语篇衔接作用的句式和惯用表达法掌握不足。因此，为了鼓励学生大胆尝试使用衔接词和过渡句式，本研究起初单设了加分类型，后来根据学生的写作进步状况逐步对误用现象实行扣分。

（四）语言表达方面

设加分和减分两个类型进行单独打分。规定用词生动形象、准确恰当或句式准确新颖等每处均加一分；语法错误、用词不当、词性不符、缺词或冗余词等每处均扣一分。如文中出现重复错误，不重复扣分，在文中不再重复标示。

因此，一篇文章的语言得分有正负两个分数，分别在文后标明。这样，学生就可以一目了然地获知自己在语言表述方面的得与失。

另外还规定，凡在原稿的基础上改进效果较好的项目，均可加分。上述评分标准交叉部分可以重复计分。学生最终的作文成绩将有四项，均为学生三稿习作各分项分数的总和。本研究认为，作文评分标准应该为一个相互制约、相辅相成的体系，这样如果学生对其中任何一个方面的过分侧重影响了其在另一方面（如语言表达）的表现，那么他们在实际写作中就会考虑整体的把握，从而将注意力集中于提升写作的整体水平。

以上为一个完整的写作教学评估与介入周期设计，便于跟踪学生的写作发展过程。

第二节 学生英语写作积极性变化

对大学英语写作教学新型评价体系下，学生的英语写作积极性变化在学生的学习日志中得到了进一步的肯定。根据学生学习日志，几乎所有学生都认为，新的写作评价方式能在他们的写作过程中提供及时的帮助，让他们及时认识到自己不足的方面，从而能够有针对性地提高自身的写作水平。大家的感受可以总结为如下三个方面：

一、新型评估模式改变了学生的阅读习惯

从学生的日志来看，不少同学表示，自己以前看英语文章，往往只关注其中的一些单词和语法，很少去关注作者的篇章展开模式，平时课堂上也讨厌老师讲解这些有关文章结构的东西。但是，经过大学阶段长时间的写作训练，回顾过去的英语阅读习惯，这才意识到当时自己水平有限，阅读中"只见树木，不见森林"，关注的视野太窄。

二、促进了学生的交流积极性

根据学生的日志，大家每次拿到作业就特别关注自己的作文在每个

板块的得分情况，也会急不可待地查看一下身边同学的得分情况。尤其当看到其他同学得分比较高的板块，就会特别去关注阅读一下。下一轮写作任务开始前的头脑风暴活动就会更留心老师和其他同学对这个话题的理解和阐发。有些同学还会仔细地将公共邮箱里的同学范文打印出来仔细阅读观摩。

三、在线写作评改工具提高效率

新型作文评估模式如果有理想的在线写作评改工具的辅助，会更快、更有效地提高学生的英语写作积极性。由于研究的后期使用了WRM2.0在线写作评改系统，大家面对新鲜事物，兴奋之余，无形中也提高了对写作的兴趣，促进学生对自己的文章不断修改完善，大大提高了学生修改的次数。

第三节 智力激励法——头脑风暴活动

一、头脑风暴活动又称智力激励法

头脑风暴的特点是让参与者敞开思想，使各种设想在相互碰撞中激起脑海的创造性风暴。现在这种活动被人们广泛应用于多个学科，成为无限制的自由联想和讨论的代名词，其目的在于产生新观念或激发创新设想，集体出谋划策，共同解决问题。

一般情况下，无论何时开展集体研讨活动，成员往往由于担心招致批评而不太情愿与他人分享自己的奇思妙想，而头脑风暴活动则可以避免大家的这种顾虑。在开展这种活动期间，要求小组成员尽快大声说出自己的想法，但是不允许对同伴的想法提出任何评论。大家所有的建议都会被记在纸上或者黑板上。这样，这些建议就不仅仅是个人的财产，而是全组成员的集体智慧。然后大家再回过头共同研讨列出的建议清单，逐项讨论其优缺点。

在写作课堂上，头脑风暴活动有时被用于小组活动的集体研讨活动形式，但学界更常用的方法是将之应用于单个学生独自思考，帮助学生学会提取那些蕴藏在记忆中的思想。正如其他小组成员不愿展示自己的好想法一样，人们大脑内部的这位"编辑"也可能不会让自己觉察到自己的头脑里还深藏有一些潜在的"好点子"，而头脑风暴活动就可以帮助人们将这些想法付诸纸端。

学界一般让学生将自己的各种想法、所有能够联想到的关键词等都罗列出来，要求他们要写得越快越好，无需考虑这些素材的顺序、形式或风格，将重点放在产出信息上。之后，对这些素材进行筛选排序、归纳整理。目前学界多鼓励学生写作之前先让学生经过这样的一番大脑的"洗礼"，再让学生开展自由写作、画出树形图等其他写作活动。

二、实施原则

需要指出的是，与其他课堂自由讨论活动相比，头脑风暴活动需要一些专门的知识了解和操作原则训练，对活动主持者的专业素质要求相对较高。就写作课堂教学中的头脑风暴活动而言，教师不仅需要对写作主题有深入的了解和大量素材的储备，还需要了解并熟悉头脑风暴法的处理程序和处理方法。教师的发言应能激起学生的思维"灵感"，促使学生急于就话题发表自己的见解。通常在"头脑风暴"开始时，教师需要采取询问的做法，因为教学中很少有可能在课堂讨论开始 5~10 分钟内创造一个自由发言的气氛，并激起学生踊跃发言。教师的主动活动也只局限于讨论开始之时，一旦学生被鼓励起来以后，新的想法和观点就会源源不断地涌现出来。这时，教师只需根据"头脑风暴"的原则进行适当引导即可。应当指出，发言量越大，意见越多种多样，对所论问题就会分析得越广越深，学生课下需要做的就是归纳整理这些素材。

需要注意的是，为了调动所有学生的参与积极性，教师在组织头脑风暴活动时的语言行为是该项活动成功的一个关键要素。教师要以赏识激励的语句语气和微笑点头的行为语言，鼓励参与者多出素材，可以以"太棒了！""好主意！这一点对开阔思路很有好处！"等语言对学生的好素材给予及时的回应；避免使用"这点别人已说过了！""这样的分析解释可行吗？""我不赞赏那种观点"等"扼杀"性语言。

三、干预策略

对于那些课堂上比较沉默的同学，尽量组织他们参与课堂小组形式的头脑风暴活动，然后让小组代表当众汇报小组研讨结果，减少他们在公共场合必须发言的压力，逐步让周边热烈的气氛影响带动其参与集体研讨活动；对于英语表达能力相对较弱的学生，先让其学会用汉语列出关键词和观点，集体汇报时可以先把这些素材写在黑板上，同时给予及时的赞赏，然后引导大家将之译为合适的英语，对精妙的翻译给予充分的鼓励和赞赏。

由于大学英语课堂往往时间紧，任务多。因此，这样的活动成功的另外一个关键要素是要掌握好时间，以半小时左右为宜，可以先给学生规定好每组/人需要贡献的素材的数量，逐步提高对其贡献素材的质量要求。一般情况下，最好的想法往往是讨论即将结束时提出的。因此，到了预定结束（20分钟为宜）的时间时可以根据情况再延长5分钟，这是人们容易提出好想法的时候。如果在1分钟时间里再没有新主意、新观点出现时，教师即可宣布结束或告一段落。这时候就可将所有学生汇报的素材归纳整理。

四、头脑风暴活动能够激发创新思维的原因

（一）氛围感染

在不受任何限制的情况下，集体讨论问题能激发人的热情。人人自由发言、相互影响、相互感染，能形成热潮，突破固有观念的束缚，最大限度地发挥创造性思维能力。

（二）连锁反应

联想是产生新观念的基本过程。在集体讨论问题的过程中，每提出一个新的观念，都能引发他人的联想。相继产生一连串的新观念，产生连锁反应，形成新观念堆，为创造性地解决问题提供了更多的可能性。

（三）畅所欲言

在集体讨论解决问题的过程中，个人的表达欲望，不受任何干扰和控制，是非常重要的。头脑风暴法有一条原则，不得批评仓促的发言，甚至不许有任何怀疑的表情、动作、神色。这就能使每个人畅所欲言，提出很多的新观念。

（四）争强心理

在有竞争意识情况下，人人争先恐后，竞相发言，不断地开动思维机器，力求有独到见解，新奇观念。心理学的原理告诉我们，人类有争强好胜心理，在有竞争意识的情况下，人的心理活动效率可增加50%或更多。

第十四章　大学英语课堂教学现状

第一节　大学英语实训教学概念

纵观世界教育史不难发现，各国对人才或者说实践应用人才教育培养的脚步始终未曾停歇，在我国亦是如此。但一直以来，高校输出的大量毕业生都难以满足社会经济的发展，对实用型及高素质人才的需求，人才培养质量令人堪忧。

《大学英语》课堂实行项目实训教学，倡导以英语的运用为中心，以相关实践项目的活动为线索，以小组合作和探究为展开形式；让学生通过项目的实际训练，实现对英语知识的巩固与活用和交际能力及其他综合能力的培养；通过各学科知识的交叉应用，解决项目中过程的问题，为学生以后的学术或职业生涯的需要积累有用的经验。此种教学方法能有效改善以往理论学习与实训相分离的弊端，符合高等教育的人才培养目标和社会的需要，以及当前我国高校教学与课程改革的发展诉求，值得我们深入探索研究、实践与推广。

自20世纪80年代起，全球化便以迅猛的速度与进程改变着世界的宏观格局，伴随而来的经济、文化等各方面的融合促进了人才资源的国际化流动，也使各国对实用型人才的需求与竞争更加激烈，因而对当下高校人才应具备的技能与素养提出了更高的要求。

语言在全球化进程中的地位不容小觑。全球的开放性与竞争性，使人们在全球一体化背景下面临着更多跨文化、跨语言交流的机会和挑战，越来越多的人开始重视学习和掌握外语这一把打开与世界联系与交流大门的金钥匙，尤其是英语，一跃成了人们争相学习的"宠儿"。随着近年来我国国际交易与交往的日益频繁，国家和社会对大学英语教学，尤其是对大学生的英语实际应用能力，也提出了更高和更迫切的要求。

第二节 课堂教学存在的问题

长期以来，我国高等教育课程教学延续着初高中阶段"知识传授为主"的教育特征，传统的教学中，知识传授的主战场在"课堂"，课堂讲授型教学大行其道。此外，多年形成的应试教育之风也使大学英语直奔四、六级以及各种等级考试，教师以自我为中心，以教材内容为导向，以语法的讲解及应考技巧为重点进行教学；学生也只是按照最终的考试内容要求，背诵与积累相关单词和语法知识，却不知在现实生活中如何运用。通常，讲台上"教师+PPT+粉笔+黑板"、讲台下"学生+一张张呆滞面孔+低头"，便是一节"和谐"课堂。

全程是教师的"独角戏"，学生只需做好"观众"，然后在下次上课前突击单词或短语及课本练习，以防教师听写与检查，大学里"哑巴英语"的现象也随之产生。而学习中最重要的知识内化与活用过程，却未能有机会在实践中深化；其中大学生的必修基础课——大学英语课堂教学更是问题重重，包括费时低效的课程内容设置、教学模式及英语四、六级相关应试导向，学生的语言实践应用能力普遍较弱、对语言运用重视不够、语言使用匮乏等教学现象。

现行的大多教学方式也与"实用为主"的英语教学原则背道而驰。因此，基于我国高校大学英语课堂教学存在的问题及面临的处境，有必要探索并改进课堂教学方法，提高大学生英语口语交际能力与运用能力，增强大学生的就业竞争力，更好地满足社会需求，是英语教学研究的当务之急与重要课题。

目前，教育领域中兴起的项目教学法为本科的教学质量改革提供了方向与路径。国内外学者对于项目化教学的研究，目前在中高职专业课的应用和论述上较为广泛，但在高校本科公共课英语方面的实验研究仍屈指可数，以非英语专业大学生为被试对象的也并不多见。

第三节　教学研究现状

一、教学运用方面

首先，教师在学科与专业课程中开展项目教学活动的积极性明显提高。许多教师受国内外项目教学法的影响，开始关注项目教学法，并结合高校的相关专业课程，开始尝试着项目教学。

其次，我国项目教学的运用热点主要从中小学逐渐扩展到了基础教育中的各类学校、高校、成人教育和职业教育中。许多中高职学校为了增强培养出的人才在市场上的竞争力，也开始尝试以项目为中心的相关专业课程改革。

英语课堂中，也有不少教师开始尝试项目化教学，主要集中在中高职院校。但囿于大部分教师没有相关实际工作岗位的经历与经验，对项目实训教学的理解不深透，并且限于相关专家的指导与场地资源等，所以在实践上仍存在着很多问题，如项目设计不规范，实际教学环节有缺陷，考核方式单一等，使项目化教学在高职英语应用中的效果还不尽如人意，未真正达到训练学生的英语交际能力及实践应用能力的目的，使此教学方法的实践应用效果大打折扣。

二、教学评价方面

目前，我国项目教学的开展虽呈"百家争鸣，百花齐放"的现状，但仍处于尝试阶段，现有的研究还存在片面之处，并不完善，要尤其注重现实不同教育环境中的通用性。国内的研究大都是在理论层面的相关研究，缺乏创新，有很多不足之处：

从研究内容看，以上研究通过项目教学法在英语教学中的具体应用分析了对学生的语言运用能力、主动性、学习动机、学习效果等因素的影响，但缺少对项目教学在具体课程中的项目设计、教学实施中的困难等问题的分析；

从研究对象来看，包含了中学生、中职生以及高职学生，但缺少对大学生尤其是非英语专业学生的研究。

在当前创新创业教育教学改革的大形势下，受国外项目教学相关研究与实践的推动和启示，项目教学法在我国的研究和实践也已有所发展。但我国对项目教学法的研究直到20世纪末才开始，研究方向偏重理论及计算机工程技术类课程，研究水平与适用领域仍有差异。目前我国对项目教学法的理论研究也还处于起步阶段，缺乏系统全面的理论总结及与我国高等教育现状相结合的深入分析与实践探讨。

此外，项目教学法在高校本科生的英语教学方面的应用型研究相对较少，应用的范围也有局限。

第四节 研究意义

第一，改革大学英语课堂的教学方式，提高学生对英语语言学习兴趣和应用实践能力；

第二，促进项目实训教学在高校其他专业及课程教学的应用；为教师提供项目实训教学的范例参考和帮助；

第三，实现以教师主导、以学生为主体的建构主义教学方法的运用。将语言教学的重心调整到提升学生三大能力上来，即主动思考能力、创造性思维能力和自主探究与实践能力上，将知识、态度和实践结合起来，是高校本科生阶段提升人才培养质量，实行理论与实际，知识与行动融合的最有效机制；

第四，有利于更好地全面推进创新创业教育。

第十五章　大学英语项目实训教学

第一节　相关概念

一、项目概念

关于"项目"一词，在教育领域里，项目是以挑战性的问题为基础来设置的一些复杂的任务，涉及学习者对活动的设计、决策制定及调查的活动；给学习者在课外时间自主学习的机会，以真实的作品或项目成果汇报为完成的标志。在中文里，"项目"一词也原指"事物分成的门类"，如比赛项目、文艺汇演项目等。"项目"也被理解为在一定的约束条件下（主要是限定时间、限定资源），具有明确目标的一次性任务，如科研项目、工程项目、实验项目及宣传活动项目等。

二、项目教学概念

围绕"项目"开展教学，用真实的项目作为驱动力，充分运用已有的知识，并在实践过程中不断搜索并学习新知识，完成项目任务的同时也培养解决问题的实际能力。

关于项目教学的叫法有很多，有人也译为"项目驱动学习""基于项目的教学""专题研究"等，说法不一，但本质上一致。

三、项目实训

"实训"本是职业技能实际训练的简称，包括教学见习、教学实训、生产实训、动手操作技能实训等。本研究中的实训不仅包括以培养学生职业能力、提高就业率为目标的职业技能训练，也包括学术研究能力、逻辑思维能力的训练。

在教育领域的语言学习中，更包括以提高学生口头表达能力、语言应用能力和培养学生综合能力的实践教学内容或课程。本研究没有运用"项目教学"等概念，是因为将项目与相关实训相结合进行教学设计。"项目实训"主要由若干个基于专题领域知识的项目组成，项目实施一般包括项目设计、项目实施、项目总结、项目反思与评价四个相继的环节，让学生从项目的选题、设计和实施中学会认知、学会总结、学会评价、学会决策、学会合作，进而将专业知识和创新思维应用到实践中，生成创新的"产品"。

四、项目实训教学

所谓项目实训教学，是以学科主要内容为基础，以项目活动为核心，根据以后工作或学术研究的需要，以项目活动的形式，让学生通过实践与训练，运用跨学科知识来解决实际问题，在实践过程中实现教学做合一，全面提高学生综合素质的教学方法。项目实训教学是理论与实践的沟通桥梁，处于核心地位，在理论知识的掌握基础上通过项目的实践与学习，逐步向知识的活用者转变。

大学课程的项目实训式教学中，教师将教学内容例如核心词汇与语法、文章主旨以及能力目标与其他相关专业知识点结合，引导学生一起开发设置出项目，指导学生在系统的、循序渐进的实训项目中实施与完成目标与任务，并取得最后的成果。

将项目和实践训练相结合的教学法，学科与专业结合、理论与实际结合、教学与科研结合、学习中的自主与他主结合，调动学生的学习兴趣与主动性，在项目的实施与训练中，知识活化实训，实训巩固知识，训练学生解决问题及交际能力，培养协作、探索及创新精神。在《大学英语》教学中采用项目实训教学法，将英语的活用视为系统工程，以培养学生语言实际应用与交际能力为核心目标，在本科生阶段提升人才培养质量，是实行理论与实际、知识与行动融合的最有效机制，也是适合语言教学的方法。

第二节 项目实训教学

项目教学起初起源于16世纪后期的欧洲，经过漫长的理论研究与实践探索发展，现已成为许多国家高度重视、极力推崇并大力推行的教学方法。国内外学者对项目教学进行了系统的理论研究和实验，并完善了其理论框架。了解相关项目与项目化教学的概念与内涵，探讨项目教学的特点、要素与具体流程，在此基础上形成适用于语言教学的项目实训式课堂教学，为后文的《大学英语》课堂项目实训教学设计奠定基础。

项目实训教学作为一种教学方法，涉及的相关概念有很多，比如"基于项目的学习""项目教学""项目驱动学习"等，在这里，我们仅阐述与界定与其紧密联系的相关概念。

一、项目实训教学概论

（一）项目实训教学要素

项目实训教学研究的主要内容是在学科专业核心知识基础之上，衍生设计出的与现实生活和真实情境紧密结合的、多学科知识交叉的项目活动与问题。

选取适宜的项目内容是关键。项目的选择与设计时，教师要充分考虑学生的认知水平与实际情况，即项目既不能太难，不超过学习者的学习与理解能力，但又要略高于学习者现有的能力水平，使其能力在适当的难度与挑战中得到发展。

另外，教师也要注意选取学生感兴趣、有一定挑战性、与学生自身专业相贴近、可以提高学生综合应用能力的项目。但目前还缺乏完整且规范的教材，因此，这就要求教师在教学内容的组织与融合方面下功夫，增强教学内容的组织与开发能力，围绕未来的就业需求，联系学生的具体专业及课程体系，与课程的核心知识相融合，开发设计出提高学生综合能力的项目活动。

（二）学习方法途径

项目教学所采用的"从做中学"，以及在语言教学里的"从用中学"，通过设置项目活动，改善了理论知识与应用实践相分离与脱节的现状，加强了教育与社会生活、学生与社会的密切联系。在项目教学中，学生积极地开展"从做中学"，使学生在身体、心理、智力、道德、行为等方面得到全面发展，对于培养全面素质的应用型和创新型人才具有重要的意义，因而活动是项目实训教学中的重中之重。

(三) 学习环境与外部条件

脱离具体的情境，知识将成为无源之水、无本之木。课本上呈现的知识是静态的，主要是概念、原理的阐明，即"是什么"和"为什么"，学习者难以体会知识与自身、与情境之间的联系。情境则为知识的"学"与"用"、静态走向动态架起了沟通的桥梁。

在项目实训教学中，情境的建构也要参照学生的实际情况、具体的教学内容，从现实问题出发。情境必须有启发性，能激发学生的学习动机；情境也必须贴近生活实际，学生通过解决问题以提高学生以后的综合应用能力。情境是项目教学法的必备要素之一。一个良好的情境才能够激发学生探索的欲望，并引导他们积极思考与行动，从而培养思辨和创新等能力。

(四) 学习收获

项目实训教学是一种新型的教学方法，它要求学生从事的是问题的解决与项目任务的完成，是设计策划、制作作品、实施与完成的探究与实践过程，在这个过程中，通过对知识的运用训练学生对所需知识的掌握与技能的提高。参与和实施过程，最终要形成一个或一系列作品，即结果。

但项目实训教学法的教学结果，并不仅仅局限于通常意义上所说的实物成果以及考试成绩或者奖项荣誉，此结果更多强调的是学生在项目实施过程中技能、知识和态度等各方面的收获。项目实训的学习成果是多样化的，表现形式也是丰富多彩的，可以是学生灵活运用知识的技能和策略；创新、合作的精神态度或成功开展工作的信念；终身学习理念；特定的技术或作品等，而不只局限于知识的获得。

二、项目实训理论基础

项目实训教学是教学做的结合体，是注重训练能力的教学方法。杜威"做中学"理论为项目化教学提供了一种全新的视角，在"做中学"理论视野下的项目化教学为发展学生的实用技能提供了保障；合作学习理论则为语言类的项目实训教学提供了必要的支撑；建构主义理论指明了项目实训教学的本质；杜威"做中学"、合作学习理论与建构主义理论的融合为基于项目实训教学的《大学英语》课堂教学开发提供了基础。

第三节 实训教学实施步骤

正确的流程与步骤，能为项目的有效和高效实施提供保证。如前所述，不同学者在具体的实践中将项目教学分为了不同的步骤，但都包括了项目准备，项目实施和项目评价三个程序。

一、实施步骤

我们将《大学英语》课堂项目实训教学的实施步骤分为设置项目、制定计划、组织实施、展示成果、评价归档五步：

（一）设置项目

项目任务的设置即教学设计是项目实训教学成功的关键，其目的在于努力实现教学过程的最优化。设置项目时要根据学生的实际情况和专业特点，围绕着一定的教学目标、学科核心观点与知识的教学内容为出发点来设计项目。

（二）制定计划

项目主题设定后，便是设计项目的训练方式手段及步骤，即制定计划。计划的制定要具体、详细，分阶段、分程序以及分组，并具体到人员的任务安排、所需材料和成本计划等，完善的计划才能保障项目实施工作的成功开展。

（三）组织实施

具体的项目操作计划修改确定后，便是具体的行动与实施，此过程是项目实训中的"重中之重"，根据计划，学生按照已确立的计划分工与步骤开始操作，各司其职，并自主探究、解决出现的问题。

（四）展示成果

最终完成预期的项目作品并进行项目成果的展示，此展示活动本身也属于项目实训活动的一部分，此过程里也要充分考虑展示的时间、地点、展示对象与内容，最后的成果展示便是教学效果的部分反映。

（五）评价归档

在成果展示结束后，最终师生还要共同检查、评估项目成果，并总结、反思项目实施过程中的不足，以获得今后的改进方向，并且师生可共同建立项目实训的活动档案，对整个过程的相关资料与成果归档保存。

二、教学实施要求

（一）师资队伍要求

项目实训教学中，教师要以项目小组长、合作伙伴以及项目组织管理的身份参与其中。引导有方、组织合理、管理有力，创设民主与合作的教学环境，是项目活动与任务能否成功的关键。作为活动过程中的指导者，教师还要具备"双师型"素质，仅具有较高水平的英语专业知识还不够，还要在项目开发与实践操作上有丰富的交叉学科知识基础与实践经验和技能。教师在实施项目实训教学过程中，一方面要不断提升自身素质，另一方面要与其他专业的教师相互沟通，获得其他老师的专业知识指导和项目开发建议等。

（二）教学场景要求

任何一种现实的活动都是内容和形式的统一体，教学活动也不例外。课堂教学环境和场景会极大地影响活动进行的质量与效果。《大学英语》主要教学场所为多媒体教室，辅助多功能活动室、语音试听室。多媒体教室需具备基本多媒体视听设备，如投影仪、音响等。

教师可通过多媒体呈现案例，进行操作演示等，既丰富了活动内容，增加了趣味性，也能够节省时间，弥补课堂空间对一些活动内容和过程的展开所造成的限制。实训室可借助外语学院建有的语言学习中心、活动实训室、学习工作坊等。实训室内可张贴英语宣传牌、英语名言、活动图片等，营造出项目实训的学习氛围。

(三) 教学材料和资源要求

《教学要求》中也强调，各高等学校应充分利用现代信息技术，采用基于计算机和课堂的英语教学模式。高校需要加大信息基础设施建设，配备相应的现代化教学设施、多媒体教室、电子阅览室、直播互动教室、各种配套的网络设备，同时高校还需要建设校园网络，让学生随处都有条件学习。

尤其是在"互联网+"兴起的今天，高校需要在技术设施方面不断更新及网络平台的建设，还需要进行网络教学平台系统建设、网络技术环境以及日常维护、教学教务管理平台建设、信号传输控制等支持服务系统的构建，为学生提供一个良好与便利、资源丰富的学习环境，提高学习的高效与有效性。

目前，社会经济发展迅猛，高等教育发展迅速，要求实用技术与应用能力强的高素质人才，而高校的英语教学忽视对学生的口语表达与应用、交际能力与对手实践能力的培养，较少考虑学生未来工作岗位和学习深造上对英语的需要，学生学习兴趣低，课堂教学效率与效果不如意，学生英语口语和交际能力现状堪忧，无法适应当下创新创业教育的人才培养模式和新时代对人才的需求。

项目实训是一种新兴发展的教学方法，在教育领域中应用颇多，但目前在公共英语课方面的实验研究还不多，尤其以高校非英语专业本科生为研究对象的也并不多见。将具有实践性和应用性特点的项目实训教学法应用于公共英语课程中，从教学取向上应用型目的的逐步重视、到教学内容上的灵活与丰富、项目实训教学活动与情境的创设以及结果评价的多元化，有效解决了现有英语课堂教学中存在的弊端，改善了《大学英语》课堂的教学效果，学生的英语应用能力与综合能力得到了提升，是一次有意义的尝试。

第四节 课堂教学存在的问题

一、过于注重应试教育

现在的大学英语课堂教学，在取向与目标上也存在着一些问题：应试教学倾向严重，过度重视考试过级，忽视人文性与实践性，不利于学生英语的学习及实际应用与交际能力的培养。国家推行的大学英语四、六级考试，使许多大学生单纯为四、六级而"学"英语，因为不少学校设有只有通过了四级考试才能得到学位证书的规定；许多社会用人单位在招聘时，也将四、六级证书作为"敲门砖"之一，导致大学生对四、六级考试疲于应付，一考完拿到证书后便抛之脑后，不再学习。

此外，近几年来，高校的教学质量也与毕业生就业率挂钩，所以，很多高校也出台相应的教学奖励来刺激教师对四、六级通过率的重视，使得教师也是将四、六级训练视为教学重点。大学英语教学成了"过级教育"，教师为了四、六级整体通过率而教，学生为了四、六级证书而学。

大学英语课堂教学的价值取向是英语教学效果改革的背景和动力。随着社会对人才的需求与教育的内涵式发展，大学英语课堂教学应有正确的目标与取向，需要从应试走向应用，从控制走向平等，注重情境的创设。

二、教学过程呆板

当前部分大学英语教师依然把自己当作语言知识的传授者，学生充当的是语言知识的"容器"，依然沿用传统的"教师讲授学生听讲"的教学模式及传统的教学方法，比如讲授法、语法翻译教学等，"复习单词短语——带领熟读新单词和短语——翻译和讲解课文——课本练习巩固——布置复习与预习任务"，大多老师遵循着这样的教学步骤，典型的翻译教学，重视学生对语言理论知识的把握。

作为整个课堂的总指挥，教师忽略了学生的主体地位，影响了学生学习的积极性，难以激发学生学习的内驱力，缺少活动与情境营造，不利于培养学生的交际能力。教师"传道授业解惑者"角色观念的根深蒂固，使师生之间产生难以逾越的鸿沟与距离，教学过程机械，缺少知识交流和情感沟通，大学课堂气氛沉闷。

课堂上，教学过程中的互动主要以课堂老师对学生的提问为主，师生探讨、学生活动或项目的合作很少发生，忽视师生互动，忽视学生的参与，教师单方面向学生不断"灌输"，像工厂生产一样，教学过程机械化，忽视学生交际能力的培养，教师在学生的学习指导方面也没有发挥出真正的作用，有的老师甚至没有指导。而教学过程中的情境创设更是缺乏。

语言的真正习得在于语言环境与情境的创设与感染，在情境过程中运用并加以内化、渗透。而目前《大学英语》课堂教学过程里，情境的设置严重匮乏，脱离一定的情景，孤立地记忆单词、背诵句型难以体现语言的应用性与交际性，也难以提高学生的英语口语及相关综合能力。

三、教学目标缺乏实用性

教学目标指引着教学内容的选择。当前，词汇、语法、阅读与短文写作依然是大学英语教学的主要内容，学生的学习兴趣不高，课堂教学对学生能力提高的意义不大。课堂上还是以讲授教材中单词和短语的使用、文中句子和段落的理解、以及基本的阅读技巧与做题练习为主旋律，而与围绕这些教学内容所采用的教学方法便是讲解式传授法。

以学校规定的教材为本，紧紧围绕着学校教研室所定的期末考试要考的单元与知识点为教学内容，然后按部就班进行教学。脱离现实世界与生活实践，内容相对固定且单一，相关背景与知识滞后，不能顺应时代的潮流发展和学生的学习能力发展要求，不能有效提高学生的口语应用能力、交际能力、合作能力与创新能力的素质养成。事实性知识内容占据了主导地位，方法性知识的缺失使语言的交际性功能难以发挥。

四、教学评价不合理

教学结果及评价是教学中一个必要且重要的环节，在整个教学过程中不可或缺。客观全面的教学评价是反映教学目标是否真正实现的镜子。在结果评价方面，许多学校过于重视终结性评价，而代替了过程性评价。统一用期末考试或等级考试成绩来替代整个大学阶段英语学习的评价过程，分数成了衡量大学生英语水平的唯一标准，严重忽视了学生的学习过程与能力的真正提高。

虽然也会考虑学生的课堂表现、平时测验、出勤率等，但期末考试成绩占了大部分，甚至占了学生总成绩的80%以上。一些教师也反映，一些学生只会在期末考前突击复习。急功近利的学习风气、重知识轻能力的结果评价，很容易挫伤学生学习的兴趣与积极性，影响学生能力的提高，只注重英语的书面发挥，"哑巴英语"的现象愈演愈烈。

除了教师对学生的评价之外，其他形式的评价如学生之间的评价、师生之间的评价等形式则很少运用，教学评价主体单一，仅仅从教师单方面去获取对学生的学习结果及评价，缺乏客观性与合理性。总之，这种教学评价主体和标准的单一性，背离学生的综合发展和英语能力的提高。

第十六章 信息化背景下教学改革

第一节 教学改革原因分析

面对经济全球化和生活信息化的迅速到来,外语和外语教学日益凸显了它的重要地位。人们已经形成一个共识:一个国家的外语水平,尤其是英语水平的高低,很大程度上影响到最新信息的吸取与交流的速度和质量,关系到人才培养规格的制定和国民经济的发展速度。在这样的背景下,大学英语教学的地位和作用越来越受到人们的关注。对我国大学英语教学的现状和未来改革进行研究,将有助于认识大学英语教学的本体论源头。

改革开放至今,大学英语教学的总体水平取得了明显的进步,获得的成就有目共睹。但是,大学英语教学快速发展的同时,依然存在着值得注意的几个问题:

一、教学观念陈旧

教师教学观念陈旧,过分重视语言知识的传授,忽视大学英语教学的人文价值。近些年来,外语教学理论研究非常强调"以学生为中心",努力寻找各种新型教学模式和手段,但"以教师为中心"的传统教学观念并没有得到根本性的转变,许多教师虽然使用新的教学手段,但仍然保留着传统的"填鸭式"教学,逐字逐句地讲解课文,力图把每个单词和语言点都讲清楚,有时还继续沿用语法翻译法,且一贯到底。而学生依然被当作是知识灌输的容器,被动地接受老师所教授的语言知识,实践机会不多。

在课堂上师生之间的交流方式也比较单一,主要表现为教师与学生之间的一问一答;即使是有课堂讨论,也是流于形式。这是双方共同造成的,首先是教师课堂教学组织能力不够,其次是学生语言知识欠缺,语言能力较差而不敢开口。在这样的教学情境下,学生学习的主观能动性不能充分发挥,语言创造性更不能得到很好的提高。

二、教学内容与教学方法不尽合理

教学内容与教学方法不尽合理,忽视学生在教学过程中的主体地位。经过中学六年的正规英语训练的大学生,已掌握一定的词汇量和语法知识,但是词汇、语法、阅读与短文写作依然是大学英语教学的主要内容,导致学生的学习兴趣不大。另外,教师在课堂上所采用的教学方法仍为旧瓶装新酒的传统"翻译教学法",形式上是运用的现代教育手段,而内容上主要还是讲授教材中单词和短语的意义与使用,讲授对文中句子和段落的理解,以及基本的阅读技巧及其运用,而这些教学内容与围绕这些教学内容所采用的教学方法大多以语言知识的传授为主。

听与说是多数大学生的弱项,虽然大部分高校每周都开有一至两个学时的视听说课程,但想要通过这有限的课时提高学生的听说水平是非常困难的,听说能力的提高需要学生在教师的引导下在课外花大量的时间，坚持不懈地努力才能实现。但由于一些学校没有较好的听说教学环境，硬件条件也相对落后，加之学生自身的自律性、自主学习习惯与能力较差，课外听说训练不能得到很好的保证。

三、应试教学倾向

重视教学的工具价值，应试教学倾向严重忽视了对学生人文素养和人文精神的培养与熏陶。

首先不少学校明文规定：本科生只有通过了四级考试才能得到学位证书甚至是毕业证书。因此，有许多学生为了通过考试将大量的学习时间放在了应试学习上。

其次，社会用人单位在招聘高校毕业生时，将四、六级证书作为人才招聘的重要考量指标，因此，四、六级证书成了毕业生成功应聘的重要法宝之一。

最后，近几年来，教育部对高校教学质量的考评标准之一就是各高校的毕业生就业率，而四、六级证书对毕业生的就业率有着极大的影响，所以，很多高校领导十分"注重"大学英语教学，将四、六级考试通过率作为衡量大学英语教学质量的重要标准，并出台教学奖励津贴来刺激教师致力于提高学生的四、六级通过率。大学英语教学活动主要围绕以提高学生四、六级考试成绩为目标来展开，致使大学英语教学成了"过级教育"。

从上面的分析可以看出：在当前及过去较长一段时间里，大学英语教学主要着重于解决大学生掌握语言知识和技能的问题，而与语言有关的文化知识，尤其是学生的人文素养的培养被忽视。

在大学英语教学实践中，往往只着眼于听、说、读、写等语言基本技能的教授和训练，词汇和语言点的讲解与测试，把英语教学用语言式教学的方式进行演绎，大学英语四、六级考试则成了衡量大学英语教学水平的有效杠杆。因此，我国大学英语在教学表现出对语言知识和语言技能的过分关注，侧重于语言教学的工具性，而对教学的人文性则不够重视。从文化哲学的视角看，将工具性与人文性相结合进行大学英语教学对于当前大学英语教学理论的丰富具有一定的意义。

第二节 大中小学相比出现的新特征

一、注重交际能力的培养

相对于中小学英语，大学英语更加重视学生的交际能力的培养，这是因为交际是我们学习英语的最终目的，也是体现一个人英语水平的重要标志，而且大学毕业生所面对的是就业，用人单位更加看重毕业生的实际运用英语的能力。因此，提高他们的跨文化交流能力是我们的必然选择。而中小学生所面对的是升学，更加注重基本技能的掌握，提高考试成绩是学生的首要任务，而在考试中听力口语考试内容所占的比重相对较轻。因此，提高学生的读写能力是学生提高成绩根本途径。从这个意义上，大学英语更加注重学生交际能力的培养。

二、注重培养学习能力

自主学习是以学生作为学习的主体，通过独立的分析、探索、实践、质疑、创造等方法来实现学习目标，学习的自立性、自为性和自律性是"自主学习"的三个基本特征。在学习方式上，大学更加注重学生的自主学习。从心理学的角度看，大学生的自控能力比中小学生要强，学生更能独立完成学习任务。现实中，大学生英语学习更多的是靠自学，很少有老师强迫学生学习，而中小学英语更加倾向于对学生进行管束，教师主导学生的英语学习。因此，比起中小学学生的英语学习，大学英语学习更加注重学生的自主学习能力。

三、注重文化素养的提升

文化素养就是用优势文化中的习语、隐喻和非正式内容流利交谈的能力，一个具有较高文化素养的人，他必然对所学文化有充分的了解，同时要能够熟练使用所学知识与人交谈。西方文化是当今世界的主流文化之一，英语是传播西方文化的主要工具。因此，学习英语是我们了解西方文化的重要途径，相对于中小学，大学是培养我国优秀建设人才的重要基地，大学英语要注重对学生文化素养的培养。

在课程内容和设置方面，有很多是介绍外国文化的，其主要目的是培养大学生的文化素质，正如课程要求中说，大学英语课程"也是拓宽知识、了解世界文化的素质教育课程。因此，设计大学英语课程时也应充分考虑对学生的文化素质培养和国际文化知识的传授"。大学英语无论是在教学要求还是课程设置方面都要求提高学生的文化素养，注重传授国际文化知识。

第三节　英语教学专业与非专业的区别

一、教学性质

大学英语的性质主要是高校必修基础课程,而专业英语是专业课程。

二、教学目标

大学英语的教学目标在于培养学生的英语综合应用能力,特别是听说能力,使他们在今后的学习、工作和社会交往中能用英语有效地进行交际,同时增强其自主学习能力,提高综合文化素养,以适应我国社会发展和国际交流的需要。据此可以看出:大学英语培养的对象是能以英语为工作工具、具备跨文化知识和交际能力的各行各业的建设人才,而专业英语培养的对象是以英语为工作、谋生等手段的专业人才。

三、课程设置

大学英语课程主要是基础知识课程辅以部分提高课程,学制通常为两年共约280学时,课程设置基础化和粗略化,而专业英语课程分为专业技能、专业知识和相关专业知识等三类,课程设置专业化和系统化。

四、教师要求

大学英语对教师的要求更加总体化和粗略化——大学英语教师需要掌握听、说、读、写、译等各个方面基础性的教学理论与方法,而专业英语的专业化和系统化则要求教师的知识需要更加专业化和深入化。

五、大学英语教学内涵

大学英语教学是一种教学活动,而且教学活动是大学英语教学的最本质的属性;

大学英语教学的对象是非外语专业本科生;

大学英语教学的实施者是大学英语教师;

从教学内容上说,大学英语教学的内容是基础语言知识、技能,跨文化交流和学习策略;

从教学方式上说,大学英语教学和其他教学一样实行课堂和课外教学,是以教师主导、学生为主体的活动,是师生之间互动的活动;

从教学目的说,大学英语教学是让学生掌握基础的知识和技能,形成正确的情感、态度、价值观,提高其基于跨文化理解力、沟通力和批判力的跨文化交流能力,提升其人文素养。

第四节 英语教学工具理性化

语言是什么,不同的人有不同的看法。有人认为语言是习惯;有人认为语言是技能;有人说语言是人类交流的工具或方式;有人说语言是一套符号体系;有人则认为语言是表达意义和交流信息的任何方式,如手势、符号,甚至动物的声音。纵观各种说法,有的定义强调语言的功能,如交流、交际和表达;有的定义侧重强调语言的构成,如符号、声音、结构等。课程要求在阐述大学英语的性质时指出:"大学英语教学是高等教育的一个有机组成部分，大学英语课程是大学生的一门必修的基础课程。大学英语是以外语教学理论为指导，以英语语言知识与应用技能、跨文化交际和学习策略为主要内容，并集多种教学模式和教学手段为一体的教学体系"。显然，对于"语言是什么"这个问题，《课程要求》并没有明确提出，这实际上对大学英语没有进行性质界定，与大学英语教学的工具理性倾向不无关系。当前，我国大学英语教学的工具理性表现在几个方面：

一、教学目标方面

教育的主体是人，教育的最终目的是实现人的全面发展。因此，教育应从根本上关注人性，始终将人的生成、发展放在核心地位，任何其他外在的因素都不应该成为教育的中心。教育过程在它自身以外没有目的，它就是它自己的目的。然而，在工具理性指导下的大学英语教学目的及所要实现的价值，却恰恰相反，它不在教育之中而在教育之外。现如今，应试教育之所以盛行，各种外语考试培训机构和培训班层出不穷，原因就在于社会功利主义教育价值的引导。

从教育者角度看，施教的最终目的就是要追求"高过关率""高就业率"；从受教育者角度看，接受教育，就是通过四、六级考试以获取好工作的敲门砖。以上所述都是对大学英语教学外在目的的追求，即对教育工具价值的追求。由此，大学英语教学成了大学生改变自身处境、提升个人价值的工具。工具理性影响下的大学英语教学目的背离了外语教学的本质，这种只注重学生实用生存知识和技能的获得而无视学生人格发展和人文素养的养成的价值观的追求，对大学生的成长是不利的。

二、教学评价方面

教学评价是研究教师的教和学生的学的价值的重要过程。教学评价包括对教学过程中教师、学生、教学内容、教学方法手段、教学环境、教学管理等诸因素的评价,教学评价不但是教学工作的重要组成部分,也是教学领域中进行科学管理的重要手段。相应的大学英语教学评价系统应包括三个子系统:各学期的学期评价;基础阶段结束时的四、六级水平考试;社会对大学生英语综合能力的需求和评价。

但长期以来,四、六级考试在大学英语教学评价中担任的角色过重,导致大学英语评价长期是对分割的、碎片式的英语知识、技能的狭义评价,对教学结果的终结性评价,即以考试成绩,特别是四、六级成绩来评定教师的教学质量和学生的学习水平,而缺乏对整个教学过程和学生综合能力、素质发展过程的形成性评价。

三、教学内容方面

大学英语教学内容包括语言知识的传授,语言技能的训练,语言交际能力的发展等,其目标是通过语言教学培养学生运用英语进行交际的能力,并最终把学生的创造潜力最大限度地挖掘出来。为了检验学生对大纲规定的英语单词、语法等掌握的程度,全国大学英语考试委员会设计和举办了四、六级考试。这为提高大学生的英语水平和能力作出了很大贡献。但是也带来了如下影响:

一方面,四、六级考试对学生英语实用能力检测不够,导致四、六级考试对大学英语教学的导向性出现了偏差;另一方面,在某种程度上助长了应试教育的风气,使得一些学校的教师把重点放到了追求通过率和应付考试上,降低了对学生实用英语能力的要求。

在这样的情况下,大学英语教学在教学内容上偏重于与四、六级考试密切相关的知识传授,而忽视口语、英语人文性等知识的传授。其结果是"学生没有真正领会那些比较简单的英文单词组合后的真正含义","还缺少组装和使用这些零部件的技能和方法",这样的结果使大学英语教学内容缺乏时代性、科学性、思想性和趣味性,教学难以激发学生的求知欲望、参与意识,难以调动学生学习的积极性与主动性,对学生情感、态度、价值观等人文素养的培养与熏陶更是无从谈起。

第十七章　文化哲学视角下的教学改革

文化哲学作为一种具有独特逻辑性和思维方式的方法论，将文化的本质定为人的自我声明存在及其优化活动，亦即将文化与人的发展关系视为同一整合的。这种方法论，强调过去、现在与未来之间的连续性，重视人文性取向与工具性取向相结合。

这对我国当前大学英语教学呈现出的明显工具性取向提出了质疑，并为高校英语教学改革开辟了一条新路径。本章借助于文化哲学的思路，重点阐述文化哲学视角下的大学英语教学研究，分析从文化哲学视角来研究大学英语教学的必要性，进而分析基于文化哲学的大学英语教学改革内涵及改革思路。

第一节　改革的必要性

哲学是每一个时代精神的精华。关注人的现实生活、关注时代的发展变化是哲学的伟大使命，也是其生生不息的奥秘之所在。而文化哲学所特有的时代性、世界性意义与视野更为集中地体现了哲学的这种特性。因此，自觉地把现时代的哲学精神作为该时代的社会生活变革的指导，是我们不可推卸的历史使命。

深思文化哲学的内涵后发现，虽然文化哲学术语的提出早有时日，但究竟什么是文化哲学则未有定论。文化哲学这个术语没有确定的内容，也没有形成使用范围的界定，至少到目前还是一个模糊的概念。从文化哲学的视角来研究我国大学英语教学，就不得不对文化哲学概念做出界定。所谓文化哲学，就是从哲学视点出发，通过对人类文化对象和文化实践结果的反思，进一步对人的本质和主体性境遇、对人类文化的历史与现实作总体性的价值审视和观念把握，以期达成人的文化自觉。

社会主导文化由伦理文化与理性文化经由科技理性文化转向多元文化，引发了世界各国高等教育改革、教学改革的共同趋势——转变对教育价值的认识，从文化的视角来看待当今高等教育面临的问题，重视大学生文化素养的培养。高等教育改革、教学改革的变化，使大学英语教学研究的价值取向由对"技术兴趣"的追求逐渐转向"实践兴趣"，最终指向"解放兴趣"。教学文化研究由工具论的研究范式逐渐转向本体论的研究范式。

"世界历史"的出现标志着全球普遍交往时代的到来。然而各民族地区在长期独立发展的历史过程中早已形成了自己所特有的文化，有着极为不同的习俗、性格、气质、传统以及生活方式，现在要将这些不同文化的民族组合在一起，将会遇到的矛盾和冲突是可想而知的。被聚集在一起的各民族的发展程度极为不同，有的早已实现了现代化以至后工业化，而有的尚停留在传统社会阶段。这势必造成他们同其他民族国家之间的冲突。那么怎样才能在全球一体化过程中处理好各民族国家间的关系，使它们在一起能够相互尊重、相互合作、相互融合，促进人类的共同进步，就成为摆在人们面前的一个亟待解决的重大问题。

人们对于文化的不同角度、不同程度的研究，使多元文化呈现出纷繁复杂的现状。相对于主流文化特别是西方长期占统治地位的理性文化而言，非理性主义开始出现，它否定资产阶级的理性和上帝。非理性主义主要有两种表现：

一是同宗教合流，宣扬宗教神秘主义；

二是向理性挑战，反对对客观世界的科学认识，颂扬神秘的内省、直觉、意志，甚至下意识，非理性主义否定哲学的认识作用，强调哲学是个人意志的表现，强调哲学是个人的感受和体验的产物，这些观点在引发人们认识和思维方式变革方面产生了极大影响。

当前我国的大学英语教学也同样受到单一社会主导文化，尤其是科技理性文化的影响，不是把大学英语教学的核心定位于"工具教学"，就是狭隘地理解了语言的工具意义，片面强调对大学生语言交际能力的培养，而在实践教学中又逐步异化为"词句段教学"。在多元文化背景下的大学英语教学应被理解为文化教学，大学英语课程性质也由"语言工具论"转向"文化理解论"。以往单一主导的教学日益受到指责与批判，教师机械化的独白、学生被动接受的教学模式的弊端逐渐显现出来。人们日益意识到，需要文化权力共享体在相应的文化场域中完成文化协商、文化内化、文化共生与文化创新。

大学英语教学是在人类文化交流与融合的必然性为前提下进行的，通过大学英语教学扩大文化交流的时间和空间，而文化生成、发展的最本质要求就是交流，为此，我们得出这样的结论：在当代文化交流与融合的背景下，纯工具理性取向的大学英语教学应该向工具性与人文性相结合的教学转化。教学研究的文化取向这一观点被越来越多地被研究者所接纳。

第二节　教学改革思路

随着社会的不断向前发展，社会主导文化形成了由单一的伦理文化与理性文化经由科技理性文化走向多元文化并存的局面。世界各国普遍进行了相应的教育改革或课程改革，力图从文化的高度对现存的教育问题加以解决，并提升学生在当前社会发展中必备的知识素养。

同时，教学文化研究范式也由工具论逐渐走向本体论，更加倾向于将教学作为一种文化实体进行研究。教学研究不再是为了寻找某些本质、规律并为这些本质、规律作出证明，而是要真正面对教学现象，解决教学中所出现的问题。从人文主义视角探讨教学论问题成了当代教学论研究的新取向。

第三节　教学价值

要理解大学英语教学价值的丰富内涵，有必要就价值和教学价值的内涵进行解读。马克思认为："价值这个普遍性的概念从人们对满足他们需要的外界物的关系中产生的"。它表达了三个相关的意思：价值的形成来源于主体的需要；价值形成的条件是客体具有满足主体需要的属性；价值形成的实质是主客体之间需要与满足的关系不断生成。

价值的存在首先源于人的主体性和个体性。

根据马克思关于价值理论的范畴，教学价值就是教学作为一种存在，其属性对社会主体和个人主体的需要满足的效用或者作用，它是教学与主体之间关系的范畴。

主体可以分为社会主体和个人主体，假如主体没有需要，那么教学即使有丰富的属性，那仅仅是教学属性，一种客观存在，对于主体没有任何价值可言。教学如果满足社会主体的需要，那么教学价值就体现在社会价值方面，如果教学满足个人主体的需要，那么教学价值就反映在对个人价值方面。实质上，它们之间是统一的，不存在仅仅作为教学的社会价值或教学的个人价值。

一、语言应用

首先，语言知识和应用技能价值。语言知识和应用技能是英语教学的基本目标，没有语言的基本功，语言内在的一切是无法领会、掌握和转化的，前者是后者的基础，后者是前者的目的。

一方面，语言知识和语言技能是语言运用能力的有效载体，必须加以重视。离开语言知识的掌握和言语技能的获得来谈语言综合运用能力的培养，无异于"水中月，镜中花"。因此，对过去一些行之有效的教学方式方法，就应该理直气壮地坚持，比如听写、默写、背诵等。对于一些基础性的知识就是要下大力气抓好，抓落实。

另一方面，学习语言知识、获得语言技能的出发点和归宿是使学生获得综合运用语言的能力，它必须服务于、服从于学生语言运用能力的培养。

从这个意义上看，教学不能仅仅为知识，不能让课堂教学只停留在知识教学的层面上。

二、文化交流

语言是社会、文化的符号和载体，好比镜子，不同民族的语言反映和记录了不同民族特征的文化风貌。长于跨文化交际者必然是精通目标语国家的语言文字及文化者，这种精通需要时间和生活经验的积累。由于英汉两种文化意识价值的差异，翻译过程的损失以及英语语言本身的动态发展等诸多方面，都可能导致跨文化交际障碍与失误，所以我们不仅要学会尊重不同语言的使用特点，而且要学会运用不同的文化。

在跨文化交流中，我们应先熟悉其语言特点和文化背景，把握时代脉搏，锻炼语言转换技巧，从多方面多角度考虑语言的交际效果和交际方式，才能更有把握准确地理解和使用英语，达到跨文化交流的目的。

三、情感态度

情感态度是指兴趣、动机、自信、意志和合作精神等影响学生学习过程和学习效果的相关因素以及在学习过程中逐渐形成的祖国意识和国际视野。情感态度与大学英语学习之间的关系有以下几点：

1. 情感态度是决定不同学习者取得不同程度学习成绩的重要因素之一；
2. 情感态度的作用与能力的作用是不同的；
3. 情感态度主要影响外语学习的速度。

积极健康的情感态度能使学习者精力充沛，思维敏捷深刻，想象丰富活跃，记忆力增强，心理潜能会得到高效发展。

相反，消极的情感态度（缺乏学习动机、过于内向、过度焦虑、过分紧张等）则影响并降低学习效果。事实证明，大学生在英语学习方面的积极情感因素还有待于继续开发。英语教育的终极目标是人文主义精神的培养，而情感目标属人文教育目标之一。英语教育所培养的不应只是掌握语言知识和语言技能的人，也不应只是能够应付跨文化交际的人，而应该是一个健全的符合社会和国家发展要求的现代人，一个具有良好的语言水平、较强的交际能力和问题解决能力的人，一个具有健康信念、高尚品德、独立精神、高雅趣味的人。

四、学习方法

学习策略是指学习者在学习活动中有效学习的程序、规则、方法、技巧及调控方式。学习策略训练旨在通过明确地告诉学习者如何发展他们的个性化学习策略帮助他们探索更有效的英语学习途径，同时鼓励学习者对他们的学习自我评估和自我指导。在这个过程中，教师要帮助学习者分辨哪些策略是他们已经在使用的，继而发展更大范围的策略，他们就能针对具体的语言学习活动，选择恰当、有效的学习策略。

教师需要明确策略的构成、如何使用、何时使用以及为什么要使用这些策略，并了解如何评估其有效性。因为学习者是否能做到有策略地学习并不是知道可以使用什么样的策略那么简单，他还要知道如何成功地使用这项策略。英语学习策略训练的更长远的目标还在于让学生们不依赖教师的提示而能独立地选择自己的策略，以此来提高学习自主性和自我指导能力。学习者应该有能力监控和评估他们所使用的策略的有效性，并且更充分地发展他们解决问题的技能。

第四节 大学英语教学的工具性内涵

语言伴生于人类社会的产生，对人类的重要意义不言而明。工具性是大学英语教学的特性之一。在教学中，我们要充分利用这一特性提高教学质量，使大学英语教学科学化。在教学目标上强调培养学生听、说、读、写、译的语言能力，在教学方法上要重视语言实践，在教学内容上要突出实用，在教学评价上不能忽视对学生语言知识和技能掌握程度的考量。大学英语教学的"工具性"内涵主要包括以下内容。

一、获得技能

语言知识和语言技能都是语言能力的组成部分，它们之间是相互影响和相互促进的关系。大学英语基础知识是发展学生听、说、读、写、译等技能的重要基础，但语言知识本身也是语言学习的目标之一。有的研究者认为，发展语言技能才是真正的宗旨，而非对于语言知识的学习。

所以，在历次大学英语教学大纲中对教学目的的阐述侧重于听、说、读、写等技能，而在教学内容中则列出各种语言知识。事实上，这是人为地把语言技能和语言知识狭义地理解并割裂开来。知识本身包括技能在内。所谓的教学目标包括知识的掌握和技能的形成，而教学内容也包括掌握语言知识的学习和技能的培养。大学英语教学不能只注重知识的传授，还要关注在实践中的运用。有了一定的语言知识作为基础，就可能实现有声语言（听和说）和书面语言（读和写）这两种形式的交流。这也就是语言知识和语言技能的基本关系。只有正确处理好两者的关系，才能提高大学英语教学质量。

二、提升效率

效率是指组织经营活动过程中投入资源与产出成果之间的对比关系。大学英语教学的效率性是指在有限的时间里，学生所掌握英语知识的程度、英语技能的培养和知识的增幅三者之和所达到的效果。教师、学生、教学方法和教学环境是影响和制约大学英语教学效率的主要因素。

在传统的大学英语教学中，教师是知识的传授者，在整个教学过程中处于中心地位，是教学的主体；学生是教师教的对象，是客体；而教材是知识传输的介质，是主客体之间的中介。这种传统的英语教学模式、教学手段和教学媒介都非常单一。

现在越来越强调使用多媒体教学的手段进行大学英语教学。

多媒体就是通过计算机把各种电子媒介，诸如数字化的文字、图形、动画、图像、音频以及视频集成起来，并在这些媒介之间创建链接，协同表示丰富和复杂的信息。多媒体技术主要包括以下几个方面：

一是信息媒介多样化，即多维化；

二是集成性，它是不同电子信息的集成，即把数字、文字、声音、图形、动态图像有机地集成在一起，并把结果综合地表现出来；

三是交互性，就是让传播信息者和接受信息者相互之间有信息的实时交换。

就多媒体技术整体而言，其内容主要涉及计算机软件技术、音视频压缩和解压缩技术、专用芯片技术、总线技术、网络传输技术、专用音视频硬件卡技术和大容量存储技术等。多媒体技术是"计算机多媒体技术"的简称，又叫"多媒体"。

三、功利性明显

教育功利化就是指教育依据功利的原则来完成对自身结构的重新建构过程，其结果就是使教育具备了某些功利形态。功利原则既是一种理性的原则，也是一种社会行为模式，我们将功利原则简单地理解为追求效益最大化以及追求实用性。种种迹象表明，大学英语教学依然依赖这些功利原则，并将其转变成为教学的基本原则之一，从而使得大学英语教学具备了功利形态。

通过大学英语四、六级考试，顺利获得学位证书和毕业证书，借此找到一份理想的工作是很多大学生进入大学后学习英语的最主要目的。

参考文献

[1] 蔡基刚. 大学英语教学若干问题思考[J]. 外语教学与研究,2005(2).

[2] 束定芳. 外语教学改革:问题与对策[M]. 上海:上海外语教育出版社,2004.

[3] 夏纪梅. 大学英语教师的外语教育观念、知识、能力、科研现状与进修情况调查结果报告[J]. 外语界,2002(5):35-41.

[4] 陈蔓萍,刘钰峰. 基于ALICE的个性化英语学习同伴[J]. 中国远程教育,2006(03):64-66.

[5] 陈肖生. 网络教育与学习适应性研究综述[J]. 中国远程教育,2002(03):1-6.

[6] 陈肖生. 网络学习适应性研究[J]. 中国远程教育,2003(11):35-36.

[7] 秦蕾. 信息化背景下大学英语教学改革策略探析[J]. 教育信息化论坛,2021(8):64-65.

[8] 朱锦霞,朱长贵. 信息化背景下大学英语课堂教学改革探究:评《信息化背景下大学英语教学改革研究》[J]. 人民长江,2021,52(10):250-251.